エリック・ミード
クロースアップマジック

Eric Mead
エリック・ミード 著
角矢幸繁 訳

東京堂出版

エリック・ミード
クロースアップマジック

著
エリック・ミード

訳
角矢幸繁

出版
Hermetic Press, Inc.

日本語版
東京堂出版

Copyright © 2006 Eric Mead and Stephen Minch
All rights reserved. No part of this publication may be reproduction or transmitted in any form or by any means, electronic or mechanical, including photocopy, recording, or any information storage and retrieval system now known or to be invented, without permission in writing from the publishers.

本書はEric MeadとStephen Minchから翻訳の許可を得て出版したものである。

もくじ

謝辞 _____ 6
イントロダクション _____ 7
まえがき _____ 10
日本語版へのまえがき _____ 17

オン・ザ・ムーブ
アプローチ _____ 21
やあ、元気？ _____ 24
はい、鳥を見て！ _____ 33
完璧な謎 _____ 39

近くの警告
望み通りの印象 _____ 47
バニービル・スインドル _____ 51
バー・フライト _____ 53
３ピース・コンボ _____ 61
チェンジ _____ 69
出口にて _____ 73

治安紊乱行為
治安紊乱行為 _____ 77

ジャズの楽譜とお気に入りのフレーズ
ジャズの楽譜とお気に入りのフレーズ _____ *101*

ギャップを埋める
52・オン・ワン・トゥー・ワン _____ *119*
ひとっ飛び _____ *124*
移行について _____ *133*
子供たちが杖をついて歩くとき _____ *137*
何かを言ってくれ _____ *139*
正しい自己紹介 _____ *143*
1つにつなぐ _____ *146*
ピーカ・ブック _____ *150*
探りを入れながら _____ *155*
おめでたい出来事 _____ *159*
じゃあ、また _____ *171*
訳者あとがき _____ *172*

与えてくださって、今も僕に与え続けてくださっている事すべてに、
教えてくださって、今も僕に教え続けてくださっている事すべてに、
僕と一緒に居てくださって、これからも一緒に居たいと願っている事、
すべてに──
愛を込めて本書を捧げます。

　　　　　　エリザベス、イノック・ミード。
　　　　　　　　　ベスとニック。
　　　　　　　　　ママとパパへ。

謝辞

　著者と出版社は、人間の能力では探しようがない誤植をズバリ探し出した6つの鋭い目の持ち主、ジェイソン・イングランド、テラー、ニューウェル・アンフライドの各氏に感謝します。

　「治安紊乱行為」は2004年10月16日にラスベガスで開催されたジェイミー・イアン・スイスの"スタック・クリニック"において特別なノートとして出版されました。「ジャズの楽譜と好みのフレーズ」は本書が初出となります。残りの作品に関しては、2003年に限定出版されたレクチャーノート3冊セット"コレクション""コネクションズ""リフレクションズ"の中に、少し違った形で発表されました。

エリック・ミード

イントロダクション
Introduction

テラー

　エリック・ミードは10代の頃、世界中を旅してマジシャンに講習していく事を生涯の仕事にするつもりでした。でも、18歳の時に講習会のツアーを一回行っただけで、生徒たちにマジックを見せるよりも血の通った一般の人々に対してマジックを演じたいのだと気付きました。エリックは通ぶった世捨て人ではありません。そんな奴らとは程遠い存在です。他の真面目なマジシャンたちとアイデアを分かち合ったりコラボする事が大好きです。でも、彼にとってそれが人生の目標ではありません。

　彼がこう選択をした事を私は嬉しく思います。"薄汚い、隔離されたマジックの世界（マジック・ゲットー）"(*)でブラブラしながら時間を過ごす事は、罪深い事だからです。

　私自身、マジックの大会に出席したり、マジックショップの売り場に溢れるガラクタの中に埋もれるのは本当に大好きですし、新しいザロー・シャッフルの方法で世界を席巻したいと妄想する人たちと一日中コーヒーショップで語り合ったりする事は悦びでもあります。

　しかし、こうしたマジシャンという名の芸術家たちが作り出すぬるま湯のような"平等な理想社会"の実情を一般大衆が知ったなら、私たちのマジックに対して良い印象を持つか？と言われると疑問です。一般大衆の多くから聞く不満は「マジシャンはみんな同じに見える」という事です。これは簡単に理解出来ます。第4世代のマジシャンたちがマジックの大会で好まれるような3枚ものコインを使った移動現象を演じているのを見ていると、まったく独創性がない事が分かってきます──たとえ彼が使っているテクニックが独創的だったり、3匹の幽霊が隣のお化け屋敷に引っ越していくといったセリフを話したとしても、です。私たちが情報を分かち合う悦びというのは実際にはマイナス面なのです。

彼が初めて自著を書くのに20年待った事を私が嬉しく思う別の理由として、隔離されたマジックの世界にいる多くの住人たちには決して持ちえない、"本当の社会"からの視点を時間をかけて培ってきたから、という事があります。ほとんどのマジシャンたちが費やしてきた以上もの時間を、エリックは40歳までにステージの上で時間を費やしていました。アスペンにあるタワー・バーでマジックを1日6時間演じ、それを週4日、14年間続けてきました。さらに、ストリートや豪華客船、ホテルにある接待用の応接室などでもマジックを演じてきました。今では一流企業のイベントでの司会・ホストとして仕事を請われるようになっています。現在受けている仕事の大部分を占めているプライベートなパーティーで演技をする時のクライアントはジェフ・ベゾズ（アマゾン・ドット・コムの創立者）、マイケル・エイスナー（元ディズニーのトップ）、マイケル・ダグラス、キャサリン・ゼタ・ジョーンズ、ケビン・コスナー、ジャック・ニコルソンといった人々です。そして、映画『ジ・アリストクラッツ』（2005年、日本未公開）では、彼しか演じる事が出来ない唯一無二のカードマジックを演じています。

　どうしてエリックはこうしたカッコ良い仕事が出来るのでしょうか？　地元のマジック愛好会にいるスターよりもダブル・リフトがちょっと上手いからなのでしょうか？　もちろん、その通りです。しかし、賢く洒落た人々がエリックのそばに居たくなるもっと深い理由は、彼が賢く洒落ているからなのです。彼は博識で、優雅で、機智に富んだ紳士であり、そこにいたずら好きさ、くだけた感じ、ちょっとしたお下品さを上手く絡める事が出来るのです——エレクトロニクス時代のジェイ・マーシャル[注1]なのです。この洗練さは偶然の産物ではありません。エリックは月に3、4冊の本を読みます。芸術、音楽、科学、チェス、そして社交ダンスも学びました。旅にも出ます。ジョークも知っています。最近起こった出来事やスポーツなどの情報にも遅れをとりません。言わば彼は洗練された粋人であり、彼のクライアントたちが喜んでゲストとして呼びたくなるような人なのです。たとえザロー・シャッフルが出来なかったとしても、です。

　本書の中で、エリックはマジシャンたちの個性の無さを嘆いています。本当に多くのマジシャンたちが、当たり障りの無いように仕事をしようとしています（なんて理想的なんでしょうか！）。何かしらの観点を持つ演技者が登場する事を彼は待ちこがれています。もちろん、これは多くの人々がマジシャンた

イントロダクション

ちを見て「みんな同じに見える」と言う同じ文句でもあります。高価な素材や手の込んだテクニックを持っていなかったとしても、芸術は存在します。しかし、ある視点、感受性、愛、憎しみ、渇望なしに、芸術は存在し得ません。

ポオは『覚書（マルジナリア）』の中でこう語っています。

「全人類の思想を一気に根底から変えようとする野心のある者は、たった1冊の小さな本を書き表せば良いのだ。その題名は数語で書けるほどの簡単なものであり『私の心を暴く』と言う。しかし、この小さな本はその題名通りでなければならない」

さて、本書に戻りましょう。ほぼ処女出版と言っても良い本書は、エリックの観点、愛、憎しみ、そして渇望について書かれています。小説のようにも読めますし、エリック・ミードという人間の心の中をむき出しにした状態で綺麗に並べてあるとも言えます。この本では彼の女神を上手く引っかけ、生計を立てるために使ってきた（メモライズド・デックの大変巧妙な使い方や、醜い仕返しの仕方でもある"バニー・ビル・スインドル"といった）悪行の数々も明かされています。

本の表表紙から裏表紙まで、でたらめが詰まっている訳ではありません。もしあなたが私のようなら、変化やインスピレーション、焦燥感がすぐにその中から現れてくるでしょう。本物のアーティストの演技からあなたが待ち望むすべてが、です。

テラー
2006年10月

＊ ： Magic Ghetto；この素晴らしい言葉はジム・ステインメイヤーが創り出したもので、元々は書店で"パズル""ゲーム"や他の"気晴らしの趣味"の間に挟まれている、マジックの本の小さなコーナーの事を指していました。

注1： 1905年〜2005年。プロマジシャン、腹話術師としてのキャリアは60年を超え「アメリカマジック界の偉人」として讃えられている。

まえがき
Preface
初めて私たちが実践する時

過去

"死んだ後でね"

　私のオリジナルマジックの本をいつ出版するのか？と尋ねられた時、お馴染みのくだらない答えとしていつもこの言葉を使っていました。「本を書いた事が今まであるか？」と尋ねてきたら「今書いてますよ。何年にもわたってね」と答えていたでしょう。ある意味、これは事実でした——過去30年以上にわたってノートに私自身の手順を書き記してきましたから。自然な流れで出てくる続きの質問として「私の本がいつ出版されるのか？」と聞かれたら、冗談半分の答えとして再び「死んだ後でね」という言葉を私は使っていました。

　1994年のある時、私はグラフィック・デザインを学び始めました。授業を受け、本を読み、自分の能力で出来る範囲の仕事を引き受けました。私自身のための宣伝用資料やプロの仕事で必要な品すべてを作る事は当然として、友人や小さな企業からの仕事も多くこなしました。その仕事の多くはロゴや社用便せん、名刺といった企業のブランディングと企業イメージのためのデザインでした。自分の楽しみのために2冊ほど本の表紙デザインもしました。何年もの勉強と数々の仕事をこなした後、大きなプロジェクトに取り組む必要があると気づきました。そうすれば本当にすべてのソフトウェアを統合的に学べて、デザインという言語への理解がより深まると思ったからです。

　自分の手がとどく範囲で出来る、すぐ思いついたプロジェクトはマジックの本の製作でした。面倒事や、大きなハードカバーの本を出すために経費を捻出する事などは本当に避けたいと思っていました。ですので、私が何年も演じてきた現象を、少ないけれども代表的な作品のサンプルとして取り上げ、正しく書き上げ、簡単に印刷して、私のマジシャン仲間たちに売れるような小冊子を製作しようと決めました。私が誇れる、ちょっとした小さいモノをデザインし

まえがき

たかっただけでした。プロジェクトが進むにつれ私の想像力は膨らんでいき、3冊の独立した小冊子へとすぐさま分裂していきました――1冊はクロースアップ・マジックに関する冊子、1冊はパーラーとステージ・マジックに関する冊子、3冊目はメンタリズムに関する冊子です。それぞれの冊子には少々の現象や様々な項目に関するエッセイなどがあれこれ含まれていました。

カッコ悪いのですが、それぞれの小冊子には仮名として"X"がつく言葉をつけました。これらの小冊子を合わせて「Xファイル」または「トリプルXプロジェクト」と個人的に呼んでいました。もっと良い名前を思いついたときに題名を変えようと思っていましたが、そのときにはすでに印刷に回され私の手から離れていました。そして、これら3冊の小冊子(「コレクション」、「コネクションズ」、「リフレクションズ」)は100セット限定で2003年に出版され、アッという間に完売しました。

デザインのプロジェクトとしては二流で、未熟な学生レベルの仕事だったかもしれません。目立つ欠点に悩まされ続けましたが、今までの仕事で成功した時よりも、デザインについて多くを失敗から教わる事になりました。私にとって幸運だったのは、マジシャンたちはデザイン面についていつも大変寛大で、彼らにとって一番の興味は内容の質でした。これらの小冊子は高く評価され、いわゆる"マジックのアンダーグランドにいる人たち"の間では好意を持って語られました。次第にインターネットのオークションサイトに出品され始め、セットのうちの1冊が200ドル以上で落札されたときはあっけに取られました。

短い期間でこの小冊子を欲しいという人たちからのリクエストで溢れかえった状態になりました。大きな悔恨の念に駆られながら、でも私の喜びは隠しながら、もう販売出来る冊子はなく、再販するかどうか決めたらお知らせすると返事を書きました。そして、その時からほぼ3年が経ちました。

私の「Xシリーズ」の小冊子を手に取った中の一人がバリー・リチャードソン[注1]でした。自分が買った小冊子をスティーブ・ミンチ[注2]に貸しました。きっと彼なら興味深く読むだろうと思ったからだそうです。その後ミンチは本を借りたお礼として彼がハーメティック・プレス社から出版した本の中から数冊を物々交換してくれました。そのあとに会った時、スティーブはこの小冊子が好きで、もし3冊をあわせて合本にしたならば素敵な本を作れるかもしれな

II

いと言いました。このアイデアに大喜びで飛びついて、ハーメティック・プレス社を通してプロジェクトを行おうとあれこれ質問攻めにして彼を困らせ始めました。彼は優しく、熟達した編集技術を駆使して本を仕上げ、このプロジェクトをデザインの観点から見つめ、一緒に改良をし始め、作品を加え、そして、学生としての私が行った小さなプロジェクトが今あなたがお読みの本に変化したのです。ついに、私が誇れる小さなモノになったのです。

現在

　ホーソーンが著した『緋文字』（1850年）に含まれる象徴的意味について、文学教授と一度激しい議論を交わした事がありました。物語の中で海は孤独や孤立を象徴している、と教授は主張しました。それは教授にとって象徴的なものであって、著者はあの現象についてなんの注釈を残していないのだから、彼がその通りの象徴的意味を主張していたりとか、海に何らかの意味を持たせたと主張していたという事は不可能だと私は言いました。教授は彼の主張を単に推測したに過ぎない事を認めようとはせず、私も海は孤独や孤立を象徴していると結論づけませんでした。私は半ば皮肉のように、海は潜在意識の象徴であると強く主張しました。教授は、これは深い示唆だと考え、その事を心に留めながら読み直すと約束しました。でも、私の成績には"B"をつけたのですけどね。

　ここで言いたいのは、著者が書いた作品に関する特定のコメントを筆者自身がしていない限り、その作品の中で何を考え主張したかったか他人が正確に言う事は出来ない、という事実です。多くの場合、私はそうあるべきだと思います。理解するために、読者は自らの考え方を引き出したり、自分で経験していく事で、解釈の中に彼ら自身の結論が出てくるのです。ある意味、私の自己中心的な行動について考えていく事であなたを傷つけるかもしれません。また、あなたが本書の中で出会うであろう事について、個人的な考察を少し話してしまうかもしれません。

　本書に収録されている作品は、私のマジシャン人生をほぼ語っています。収録作品を選んだとき、それといった底意はなく様々な個人的かつ主観的な理由で面白いと思ったアイデアを本当に無作為に集めました。たぶん唯一言える事は、これらのトリックを私自身がプロとしての演技用に組み上げ、お金を払って頂いた観客の前で数えきれないほど演じてきたという事実だけです。どこに

短所や欠点があるかも、そしてどう正しく演じればこれらの作品が美しく輝くかも知っています。

　本書の中で最も古い作品は、"子供が杖を持って歩く時"です。私が10代だった頃、週末に誕生日パーティーなどで演技をして小遣い銭の多くを捻出していました。私が『プロがあかすカードマジックテクニック (The Expart at the Card Table)』という本の勉強に没頭していた頃、7、8歳の子供たちがギャンブルを主題にしたテクニックを何時間もじっと座って見ている心構えなど出来ている訳がありません。私は本当に良い子供向けのマジシャンではありませんでした。

　私は当時、観客をどこか自分より下に見ていました。自分が何もなし得ていないのに自分の事を凄いと思い込むには、自分が観客より上にいると思わないとダメじゃないですか！

　お分かりのように、今ではこんな風には考えていません。現在は子供向けに演技するのは本当に稀になりましたが、私が他の演技を演じるときと同じく、出来る限りのエネルギーと知恵を子供向けの演技にも注ぎ込んでいます。子供向けの演技をする時、この"子供が杖を持って歩く時"は今でも引っ張りだしてくる演目です。唯一の大きな変更点は、おふざけの要素は顕著に押さえ、解説のようにスベンガリの原理を使う代わりに広げたカードの中からクラシック・フォースをするようにした部分です。私が1970年代に考案したトリックでも、ちゃんと今も使える事を強く知って頂きたいのです。私の初期の作品の多くが、これと同じように今でも上手く使える訳ではありませんけれどね。

　本書の中でもっとも新しい作品"治安案乱行為"は、元の「Xシリーズ」の小冊子には収録されていません。そして、スティーブ・ミンチと私が本書のために唯一加えたものです。これは2004年10月16日にラスベガスで開催されたジェイミー・イアン・スイス(注3)の"スタック・クリニック"で行った講演のガイド用テキストとして準備されました。"スタック・クリニック"はメモライズド・デックに主題をおいた3日間の集中セミナーで、ジェイミー・イアン・スイスとマイケル・クローズ(注4)が講師を務めました。私は"サプライズゲスト"の講師として登場し、メモライズド・デックの規則性と不規則性について講演を行いました。もともとこの章は単なるレクチャーノートだったかもしれませんが、解説は完璧になっています。私が個人的にいろいろお話しするよりも、注意深い読

者の方ならこの文章からより多くの事を学びとれる事でしょう。それはさておき、このセミナーに参加した人に、会そのものはどうだったかと尋ねてみてください。あなたがこの会で素敵な時間を過ごし損ねたと分かるでしょうね。

　人生においてはごく単純な事でも鼻であしらってはいけません。"52・オン・ワン・トゥー・ワン"は観客を温め、和ませます。もともとコメディー・クラブで使うために1980年代後半に考案した作品でした。これは私のレパートリーではなかったのですが、MCや司会者として出演するときには不可欠な演目でした。ありきたりの古いギャグを取り上げて再びそれを新しくする新鮮な一ひねりを加える事で、私はちょっとした満足感を得られます。もし、あなたが私と同じ性格なら、陳腐なジョークである"52・オン・ワン"カード(注5)を表向きにしただけで大きな笑いを取ってしまったら恥の意識で胸がズキっと痛んでしまい、その痛みを乗り越えるなんて絶対出来っこないでしょうから。もし、あなたがニヤリと笑える心強さを奮い立たせて、恥の意識から立ち直る術をほんの少し身につけていれば、あの気持ち悪い感覚を完全に払拭するほどの満足を得られる事が本物の謎を見せるという事は、本当にパワフルな印象を与えるのです。

　"おめでたい出来事"は本書の中で一番最近考案した作品で、超能力の現象を演じる時に考慮しなければならない注目すべきいくつかのポイントをその中で分析してみました。メンタリズムの美しさはマジックがもつ美しさとは違います。そして、「超能力は存在する」という現象の裏に隠されたメッセージのために、謎に取り込まれ心の中にずっと引っかかる疑問をいくつも持った状態で観客は独り取り残される状態になります（謎の感覚を殺す事なく、正しい事をしようと計算したとき）。観客に「これは超能力なのですか？」と聞かれた時、私はこのようにきちんと返答します。「これは超能力を見たと錯覚しただけで、本当の超能力ではありません。あなたに与えた情報が本物の読心術のように見えるように、——いや、それよりもそう感じて頂く方が重要なのですが——今見たことを超能力だという情報としてあなたが認識するように私が巧みに操作しているのです。そして、もしあなたが少しでも自分自身の思考能力を信用していたら、これは恐ろしいくらいそうだと思い込むでしょうね」本物の謎を見せるという事は、本当にパワフルな印象を与えるのです。

　"3ピース・コンボ"で使われている4枚のカードのコントロールに注目してください。カード・マジック界の重鎮たちからも評価を得たものです。"バー・

フライト"は、人生に一度起こるか起こらないかといった凄いクライマックスを作り出すという策略の中に自然さと創造性を組み込んでみました。"ひとつ飛び"はマルローの古典作品を焼き直しただけのように見えますが、細かく観察しますと単純な手順構成と大勢の観客に対するステージングの研究である事がお分かりになるでしょう。もし、好きな作品の名前を言うようにプレッシャーをかけられたら、"探りを入れながら"と答えるでしょう。クロースアップ・マジックとして解説していますが、最近この作品の改案を1000人の観客の前で演じて、素晴らしい結果を残す事が出来ました。2004年に開催された企業の"適正評価のためのミーティング"において7つの講演をした際に、"タイ・オン・ワン"は朝一番の講演のときに完璧なオープニング用マジックである事が分かりました。

元々の小冊子に掲載されたいくつかの作品を割愛しましたが、ここに掲載された作品の方がより大事である事を誓います。割愛された作品を知らなくても、何も損はありません。記録として書き残しておきますが、もう手に入らない道具を使った電池のマジック、2本のエッセイ、モラルと道徳的観点から異論があると聡明な編集者に指摘されたトリックを取り除きました。

前述の"治安紊乱行為"と絡めて「説明出来ないトリック」に関する長い考察を"ジャズの譜面と好みのフレーズ"と名付けて収録しました。この小冊子の初版を自分自身のために15年前に書き上げました。長年の間、数えきれないほどの追加や修正をし続けて、生まれ変わっていったこの小冊子を、私の近しい信頼出来る友人たちに送って意見を求めてきました。この最新版は、本書の中でも多分もっとも成熟したアイデアだと思います。使い古された"マジシャンズ・チョイス"から脱却して、方法としての"エキヴォック"をきちんと演じるようになったとき、独特で衝撃的なマジックへの扉が開かれます。これは単なるカードマジックではなく、マジック全般の解決法にもなり得るのです。最良のエキヴォックは単なる方法ではなく、演者の生き方そのものなのです。

未来
　私の長話はもう充分でしょう。この先に待ち構えている謎をあなた自身で探求する時間になりました。内容は途方も無く広範囲なので、本書に掲載されている作品を試す時間と場所をあなた自身で見つける事が重要だと思っています。それぞれの内容は、あまりはっきりとつながっていません。なぜなら、私

のマジシャン人生は本当に多種多様な時代を含んでいるからです。親愛なる読者の皆さま、是非この事を思いながら読んでください。本書は私の手から離れました。後は完全にあなた次第です。

　マジックは演技の中にだけ存在します。あなたが自分以外の誰かを驚かせるような何かを実際に演じない限り、そこにマジックはありません。結局、前提として「魔法」を体験してもらうためのお客様たちがいて、その人たちが向き合う魔法のような体験こそがマジックなのです。マジックに関わる事で面白かったりビックリするような事が多々あるかもしれませんが、観客がいなければ、私たちはマジシャンだとは言えません。

　あなたが本書から触発される何かを見つけ、観客の心の中に魔法を呼び起こして欲しいと心の底から願います。私にとって、これが人生の中でもっとも尊い喜びの1つなのですから。

エリック・ミード
2006年9月

注1： 1932年生。元経営学の教授で、著名なメンタリスト。
注2： 1948年生。著述家、歴史家。マジックの著作を多く著し、ハーメティック・プレス社を経営。
注3： 1953年生。著述家、プロマジシャン。
注4： 出生年不明。プロマジシャン、現エム・ユー・エム誌編集長。
注5： 1914年にセオドア・デラントが考案した、52枚のカードを1枚のカードに印刷したジョークのカード。

日本語版へのまえがき

　本書が初めて出版されてから、もう9年もの月日が経ってしまいました。初めて世に出て以来、私はこの本を読むどころか本そのものも見てもいませんでした。私の書庫に1冊も置いてありませんが、本書を誇りに思っていない訳ではありません——私はそう思っています。本書は観客に受ける良いマジックと、考えたり真実を探る価値のある興味深いアイデアが多く散りばめられた素敵なコレクションだと考えています。私のキャリアを通して様々な場面をチラリと見せていますし、私の仕事が結構うまくいっている事も表しています。長年の間に頂いた感想の多くは好評なものでした。多くの読者にはもっと分厚い本だったら良かったのに、と思わせてしまったようですけどね。なるほど、この内容だけでは満足出来ないという意見が一番手厳しい批評だとしたら、私の意図は大成功。それが分かった時は感動しました。

　確かに私の目から見るとこの本は完璧ではなく、この本が初めて世に出た後、何ヶ月にも渡って、もっと違うように書いておけば良かったと思う箇所がいくつもありました。当時は何度も読み返して、その度に細かな直したい部分が私の顔を曇らせていきました。そう言わなければなぁ…。あの部分をもっと明確にしていたらなぁ…。この事について生意気な事を言わなきゃ良かったなぁ…。そんな事が続きました。私よりもっと賢い方がマジックの世界にいらっしゃる方が、今まで本当に完成したものなど何もないと言っていました。芸術的な成長をするためには修正を止める頃合いを知り、完璧さなどはいつも手に届かない事を認め、次に進むためにその作品を手放さなければならない、と。これには完全に同意します。しかし、本書を見るといつも修正を止めるのがちょっとばかり早かったかもしれないと感じ、未来に出る版では確実に変更しようと私自身は決めていました。

　そして私の人生は続いて行き、新しいプロジェクトのために時間と集中が必

要になり、それに伴って昔の作品はあまり重要ではなくなり、様々に重なっていく仕事の中に埋もれていきました。時間が流れるにつれ、その当時私がいた場所や時間、その当時に私が下した決断は、今にしてみれば良くなかったのかもしれませんが、本書を作るというプロジェクトの一環であり、様々な決断が非常に現実的な方法でこの本になんらかの独特な性格を与えているのだと気づきました。本書に収録された数々のエッセイを書いた偉そうな怒れる若造も、今や大人になりました。自分の見方が絶対正しいと確信していたマジシャンは、完全に異なった視点を持った、自分の考え方が唯一であるなんて二度と思わないマジシャンになりました。それでも初版が売り切れて再版する時、最後にもう一度内容に目を通し、内容を直す事で心を落ち着かせ、私が唯一持っている本を誰かにあげて、それで終わろうと思っていました。

　ところがその後数回、内容を変える機会が出来たのです。英語版は第4版を数え、イタリア語、フランス語に翻訳され、そして今回は日本語版が出版されたからです。内容をはっきりさせ、何かを教えたり例を出そうするために本文中に入れてしまった不適切で馬鹿げた考えを取り除いて、もう少し内容を整えようか少し考えてみました。しかし、私は気が付いたのです。こうした事がこの本の個性の一部であると。そして心穏やかになりました。不完全な部分は少しですし、今こうした事をするという事は逆行する、つまり過去に生きる事になってしまうので馬鹿げています。完璧さなんて永遠に手に出来ません。未来へと前進し続けていれば良いのです。私の本を自分が持っていない事で、すでに行った事を考え直し、過去に生きるという愚挙で大切な時間を無駄にしなくなるのです。

　本書は今、親愛なる日本の読者であり私の友人でもあるあなたの手にあります。私が唯一希望する事は、ここからあなたが見逃していた事を学び、本当に価値のあるアイデアを見つけ、あなたのマジックを前進させる手助けとなり、観客に不思議を分かち合うためにあなたを刺激し、最終的にあなたが望み以上の成果を得てもらう事なのです。

エリック・ミード
2014年10月
コロラド州アスペンにて

アプローチ
Approach

心的状態

　ほとんどのプロマジシャンたちと同じように、圧倒されるくらい様々な状況や環境の中で演技をするように私も依頼を受けます。フォーマルなステージでのショウを演じます。企業の会議で議事進行もします。顧客のリビングルームで演技もします。ランチやディナーの後で講演をしたりもします。司会をする事も良くあります。企業展のブースで人を集めたりもします。そして、そう、時々パーティーの会場を歩き回って演技をします。

　パーティーなどの会場を歩き回って演技をする事は、私が受けるすべての仕事の中でもっともやり甲斐があって、同時にもっとも難しい事だと思います。現象や方法が他とは違うという事ではありません。こうした事はほとんど関係ありません。やれテーブルがない、やれ観客が飲み物のグラスや食べ物が盛られたお皿を持っているなど、あちこちで演技に修正をかけなければなりません。しかし、これ位の事は確実に管理出来ます。そのグループが私に興味を持って、それから演技を始めれば、すぐに私が行う他のショウと何の差も無くなります。

　そうではなく、新しいグループに初めて声かけをしてその輪に近づき中へ入っていく事が私には難しいと思えたのです。1回の演技が終わったら、新しい観客を探して、自己紹介し、再びお互いの信頼関係を築かなければならない、これは事実です。エンターテインメントなんか見ようと思っていない人たちは、ほんの数分時間をかけたくらいで私の演技を観る気満々にはまずなりません。そして彼らを本当に観る気にした頃には、次の人たちへと移り、また最初から同じ事をやり直さなければなりません。これはライブのショウで販売の電話営業をし続けるのと同じです。場を和ませ、自分に注目を集め、それぞれの新しいグループに興味をかき立てる——やり甲斐はありますが難しいのです。しかも、これらを押し付けがましく思われないようにしなくてはなりません。これは演者にかなりの魅力がなければ上手くいかないでしょう。

私の経験からすると、あらゆる状況下ですべての観客に対して使える唯一の解答というものはありません。まずは観客の輪に入るために使える、色々な経験から得た自分なりの使いこなせるテクニック、道具が必要です。それぞれのグループの規模を見極める事がまず問題で、どの導入が一番効果的かをそこから決めていくのです。

　こうお話しした上で、ここ数年上手くいっている観客への近づき方の1つをお話ししたいと思います。

　これはそれぞれのグループを楽しませる時間が充分にあるときだけ使う事が出来ます。もし、短い間に会場の多くを受け持って、出来るだけ多くのグループにマジックを演じるときは、この方法は完全に論外になります。しかし、そういう場合ではなく急いでマジックを演じなくても良い時、これが私の好みの方法です。

　最初に自分の態度を変えるところから始めます。この場で働いている訳ではなく、他の人のようにこのイベントにただ参加しているように振る舞うのです。クランベリーのジュースを手にして、会場を歩き回って人と話しをします。演技をしたくなるような素敵なグループを見つけたら、そこに加わり、他の参加者のように話しをします。彼らの仕事や暮らしを尋ねます。そして、彼らと友達になります。

　最終的には（初めて出会ったとしても90秒かからずに彼らとは友達になれます）、彼らは私について聞いてきます。彼らに、私はプロマジシャンで、今夜は皆さんからちょっとお時間を拝借して、さらにマジックを楽しんでもらうためにここへ来たと返答します。そして私は口を閉ざし、にっこり笑って待ちます。

　間違いなく、彼らは何かを見せてくれるように心からお願いしてきます。彼らの注目、興味を集め、すでに信頼関係もある程度築いています。簡単にマジックを始める事が出来ます。

　正直なところ、これは大変ゆっくりでくだけた方法であり、ある状況下では上手くいきません。ここで、このテクニックが持つ強力な点を見ていきましょう。

　彼らに何か見たいかどうか、私は絶対に聞きません。彼らが何かを見せて欲しいとお願いしてくる状況を作るのです。そうする事で心理的に最初から上の立場にいる事が出来るのです。

　私がグループの会話を邪魔したり、そこに侵入したという事をまったく感じ

させません。もっと直接的な人の輪への入り方ですと、あなたがどれだけカリスマ的であろうとも必ずそう感じさせる因子が発生します。

　こうする事で、状況判断する良いチャンスを得られ、ある特定のグループでは何もしないと決められます。時に、あるグループに留まるのはほんの少しにして、より受け入れてもらえるグループを見つけた方が良いときもあります。多くのマジシャンたちがこの困った状況に対峙してきました。それは、観客たちはお行儀良く、または人当たり良く接してきても、ひそかに今マジックは見たくないと心の中では思っている状況です。普通ですと最初の現象の途中で観客は温まっていない、興味を持ってくれない、そして"早く終われ"という感情を持っている事に気づきます。最悪です！　私はその場からとっとと消え去りたいのです。観客も私に消えて欲しいのです。でも、3枚のコインを調べてもらったら、もう演技を止める訳にはいきません。

　その場にいるすべての人をちょっとでも知る事で、まだ交流していない人の仲を取り持つ事が出来ます。これは強力な作戦であり、会場を歩き回ってマジックを演じる状況下で一番見過ごされている要素です。ユージン・バーガー[注1]による初期の著作の中で、会場を歩き回って演じるマジックでの仕事の一部は、参加者たちを繋ぎ合わせ、イベントへの一体感を提供する事だと書かれているのを読んで、天啓に打たれた思いになりました。そして、それからどこかのグループの輪の中に入っているときは、他の人たちをそこへ連れてきて紹介しようとしました。もし、あらかじめ時間を取って事前に彼らの名前を知る事が出来たら、凄く助けになります。「ちょっと、ボブ・ハサウェイに逢ったかい？　彼を紹介させてよ…」

　会場を歩き回る状況でマジックを演じていない時、いつも気まずい思いをしていました。グループへと移る間、私がセットしなおしたり突っ立っているところをそのパーティーの主催者に絶対見て欲しくないからです。それぞれのグループでより多くの時間を使っているので、私が稼働していない時間を劇的に削減出来て、いつも働いてるように見えるのです――たとえ、実際に演技をしていなくてもです。

　これこそプロの手口（アプローチ）というものです。

注1： 1939年生。哲学者でもあるプロマジシャン。

やあ、元気？
A Fine Howdy Do

第一印象

　これはここ3年、私の好きな"会場を歩き回って演じる"ときのオープニングとして演じるマジックです。私たちが先ほど話していたアプローチからマジックの演技へとどうやって流れを作るかお分かりになるでしょう。

　ここで、これが単に一般的な技法を集めた作品で、古典的な「観客の手を使って行う銀貨と銅貨の交換現象」だと話したら、あなたはここで読むのを止めて次のトリックへと読み飛ばしてしまうでしょ？　長い間僕の中で"Aランク"にあるこの手順を見逃してしまうではないですか。この手順は僕の友達なんです。

　基本的にこれはヴァーノン、スライディーニ、カーライル、スカーニ、ミラー、トンプソン、ヨーク、スキナー、そして、多分彼らよりも数十年前に生きていた、もう忘れ去られたその他のマジシャンたちによる合作です。

　分かってます、分かってますとも、先に進みましょう。観客の視点から見たらどう見えるか、お話ししましょうか。

　前章でお話ししたアプローチをしたら、そのグループにいる人たちは何かを見せて欲しいと私に尋ねてきます。持っているグラスを床に置き、「どなたか25セント銀貨（以下、銀貨）をお持ちですか？少しの間お貸し頂きたいのです」と話します。観客たちが探し始めたら、それを遮り、大丈夫です、これを使いましょう…」と話し、左手を伸ばして誰かの背中から小型のライター（100円ライター）を取り出します。

　「これが銀貨に見えないのは知っています。でも、炎をちぎりますと…」ライターに点火し、炎に指先を伸ばし、小さな火の玉を宙に投げます。この火の玉が手のひらの上に落ちると銀貨に変化します。この動作に合わせて「…銀貨

に変形します」と話します。

　ライターをポケットにしまい、少しだけ両袖を引き上げます。この銀貨を消して、ポケットから再び取り出します。

　「賢い方が見ていると、これはテクニックを使っていると言うでしょうね。私の手からコインを消えただけでも、まあ面白いでしょう。でも、もしあなたの手の中からコインを消したら、それは本当に凄い事だと思うのです」と話します。

　銀貨を観客の手の上に置きます。「もしこれが今すぐ消えたら、あり得ないと仰るでしょう。そして、そうしたいと思うのですが、ちょっとだけあなたの気をそらしたいと思います。私たちがこれを見ている間、手に握っていてください…」

　小さな巾着袋を取り出して、中からイギリスの1/2ペニー銅貨（以下、銅貨）を取り出します「カッコ良いでしょう？　これは私以外の方にはさほど価値があるものではありません。私が子供のころ、父がヨーロッパの旅から戻ってきた時にくれたのです」

　「さあ、ここで何が起こるかご理解ください。そんなに努力する事なく、もう、あなたが持っている銀貨から意識をそらしていますから。そして、一瞬でそれをあなたの手から消して…私が持っています」
　私の手を開いて、私の銅貨がアメリカの銀貨に変化した事を示します。

　「そして、あなたの手の中からコインが消えて、それがここにあるのなら、どうして私の父のコインがあなたの手の中にあるのでしょうね？　見てみてください」

　お手伝いの方が手を開くと、そこから銅貨が出てきます。その後、いつもちょっとした騒ぎが起きます。

　そう……これは一般的な手順なので、すでに他の方法を演じていらっしゃるかもしれません。でも、この手順は演じてみる価値が大いにあると思います。細かな点を見ていきましょう。

左手に銀貨をフィンガー・パームしておきます。小さく丸めたフラッシュペーパーは同じ左手の人差し指と中指の指先にはさみます。最後に、小型のライターを軽く曲げた指先にのせて持ちます（図1）。私が会場を歩き回っているときは、同じ手でクランベリーのジュースが入ったグラスを持っています。飲み物を持っている事で、そのイベントで私も他のゲストと同じ参加者のように見えると同時に、ちょっと不自然な感じの左手を目立たなく出来るのです。右手は空ですので、人と握手をする事も出来ます。

図1

　2枚の銅貨はズボンの右ポケットの中にそのまま入れておいても良いのですが、1枚を巾着袋の中にしまっておく事で巧妙にこのコインが特別なもので、唯一のものであるとさらに思い込ませる事が出来ます。なので、1枚の銅貨はそのままの状態で、もう1枚は小さな巾着袋に入れておきます。むき出しになった状態の銅貨と巾着袋入りの銅貨はズボンの右ポケットにしまっておきます。
　これが準備です。会場を歩き回って、人と会話をし、あいさつをして、握手をし、ちょっと話しをして、何かを演じるようにお願いされるような状況を作ります。

　持っている飲み物を床に置きながら、銀貨を借りれないかお願いします。グラスが蹴られないように、私の両足の間に置きます。立ち上がって銀貨を探しているあいだ、少し間を置きます。

　誰かが見つけてしまう前に、私は止めて、「大丈夫です、これを使います」

と話します。ライターを取り出すために、普通タバコを使ったマジックで行うピボット・プロダクションを使います。簡単に解説しますと、左手の人差し指と親指でライターの上端をつまみ、中指を使ってライターを回転させて見えるようにします（図2）。少し練習すれば出来るようになりますし、手の中に他のものがあっても関係ありません。銀貨と紙玉はそこから動きません。

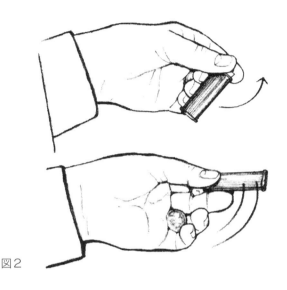

図2

「これが銀貨に見えない事は知っています。でも、炎の一部をちぎると、銀貨に変化します」このセリフに合わせて、単純ですが大変印象深い銀貨の出現を行います。ライターを右手に取り、点火します。左手を右の方に伸ばし炎に近づけ、左手の指先にはさんでいるフラッシュペーパーの紙玉に点火します。燃えたらすぐに、45センチほど真上に投げます。すべての視線は宙に投げられた炎の玉に集まっています。これが落ちてきたら、左手を素早く下に7.5センチから10センチほど下ろします。すると、コインは一瞬空中に留まり、それから開いた左手の手のひらの上に落ちてきます。これはタイミングが必要なのですが、正しく行ったなら炎の玉が落ちてきて明らかに空中で銀貨に変化したように見えます。（たぶん、ここで言っておいた方が良いかと思うので言っておきます。50セント銀貨や1ドル銀貨、または古いコインを使うより、普通の25セント銀貨を使う方が好みです。見ている誰もがそれが何であるかを理解するので、そのコインについて大げさに調べさせたりしなくて済みます。

観客は決してそれを調べさせてくれとは言いません。私はその方を好みます）

　一般の観客にとって、これは強力な現象です。ビックリしますし、今から見ようとするモノは尋常ではなく、見る価値があるという信号を発します。すべてがコインを貸して欲しいとお願いをしてから15秒以内に起こります。加えて、部屋にいる他の人たちには"あっちで"何か面白い事が起こっていると目につきます。これにより、他の人たちの輪に入る事がより簡単に出来るのです──そして、私が何らかの前振りをする事なく、こっちに来るようにお願いされる事もよくあります。何のストレスもなく会場を歩き回れるのです。

　ライターをズボンの右ポケットにしまい、銀貨を右手に投げます。銀貨以外両手に何も無い事をはっきりと示します。

　左手で少し右袖を引き上げます。そして、クラシック・パームを行い、左手に銀貨を渡したように見せます（左手は見えないコインを握りながら、右手にはコインをクラシック・パームして残します）。そして、右手で少し左袖を引き上げます。

「もう一度ライターを使って何かビックリする事をやってみましょう」

　ライターを取るために右手をズボンの右ポケットに突っ込み、同時に隠し持っている銀貨をポケットの中に落としながらライターを取り出します（私はスライディーニのテクニックを使っています。ライターを取る事だけを考えるのです。コインは勝手にポケットの中に落ち、動作が２つに分断される事はなくなります）。

　右手を使ってライターを点火し、握った左手の上で振ります。魔法が起こるための間をとってから（スキナーの「間を延ばす」アイデアです）、左手を開くとコインが消えています。ライター以外両手には何も持っていない事を示します。

　これは見ている人をビックリさせますが、賢い人は何が今起こったか頭の中で正しく再構築出来ます。なので、すぐに「ちょっと面白いですよね。でも、多くの人はこれは何かのテクニックを使ったと言うでしょう。そして、それは

当たってるんです」と話して現象をすぐに流すようにします。

　このセリフを言っている間、左手でライターを取り、右手はポケットの中に入れます。ひそかに銅貨をフィンガー・パームしてから、指先で銀貨を持って取り出します。ここでは上手いポケットの使い方が必要ですが、キチンと行えばこうしている間に動きがモタモタする事はありません。
ちょっと話しを脱線させてください…。

　最初に、むき出しの状態になっている銅貨と巾着袋は私の太ももに向かって、ポケットの一番深い部分に入っています。ひそかに消した銀貨を落とした時、ポケットの浅いところから足の外側に向けて落とします。こうすると銀貨はポケットの一番深い部分に落ちて行きますが、ポケットの底に到着するまでにはちょっと時間がかかります。なので、私が手を突っ込み、銅貨を探しフィンガー・パームして、それから銀貨を指先につまんで取り出せるのです。お分かりになりますか？　えっと、いまどこまでお話ししてましたっけ？

　左手をポケットに入れてライターをしまい、次に右手の指先につまんだ銀貨を取ります。「私の手からコインが消えたら、いつも何かのテクニックが使われていると思われがちなんです」ここで一旦左手で銀貨を握って、再び広げます。こうして、銀貨が左手の手のひらに載るようにします。「でも、もし私があなたの手に握られているコインを消す事が出来たら、本当に凄い事だと思うのです」

　グループの中でマジックが起こった時に一番激しく反応してくれそうな観客（このマジックに入る前にしばらく話していた事を思い出してください）の目の前に銀貨を持った左手を差し出し、「このように手のひらを平らに開いてください」と言います。右手は銀貨を取るフリをして、スライディーニの空取りを行います。右手の親指で銀貨の手前側の縁を押し、そのコインを取り上げるかのように、右手の指先を銀貨の下側に差し込みます（図3）。銀貨の下側に指先が差し込まれたらすぐに左手を自分に向けて返し始めます。そして、右手は持っている銀貨を左手に落として戻します（図4）。右手は銀貨を持っているかのように前へ動かし、左手は自然に身体の横に下ろします。この動作に注目しないでください。観客とのアイコンタクトは保ったままです。

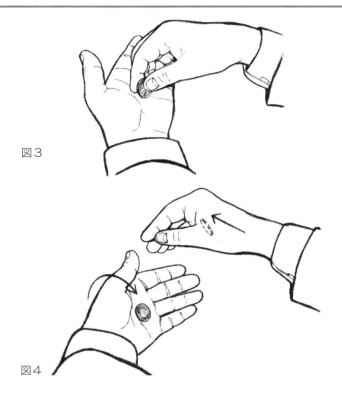

図3

図4

　「もし、あなたの握りこぶしからこのコインを消す事が出来たなら、本当にビックリしませんか？」 この質問に対して肯定的な答えが返ってくると思います。そしてこのやり取りの間に右手は銅貨を指先まで滑り落とし、観客の手の中に置きます。観客の手で銅貨を包み込み、その握った手を返します。

　「では、今言った通りにしますよ」長い間を置いて、周りにいる皆さんを見渡します。「問題は、皆さんがここに注目していてはコインを消せないのです。なんとか成功させるために、ちょっとした物をご覧頂きましょう」

　「ここに、とても変わったコインがあります。私が子供のころ、父がヨーロッパの旅から戻ってきた時にくれたのです。丁度、私にとってはお守りのようなものです。効き目はありませんが、とにかくいつも持ち歩いています」ここで、右手をポケットに突っ込み、もう1枚の銅貨が入った巾着袋を取り出しま

す。銀貨を隠し持ちながら、両手を使って巾着袋を開き、銅貨を取り出します。右手に持っている銅貨に注目が集まっている時、袋を持った左手をポケットに突っ込んでしまいます。銀貨はまだ隠し持ったままです。

「ここに銅貨があります。これはイギリスの1/2ペニー銅貨です」また長い間を置きます。「何が起こったかみてみましょう――私がこのコインであなたの興味を引いたので、あなたが持っている銀貨に向けられていた注意がそらされたのです」こう言いながら、右手に持っている銅貨をクラシック・パームして、左手の中に投げ込むフリをします。そして、隠し持っていた銀貨を握り込みます。このすり替えは、この手順の始めに行った銀貨の消失と同じ動作に見えるようにします。

「必要な事はこれでおしまい。あなたの持っていた銀貨は消えてここにあります」左手を空けて、銅貨の代わりに銀貨がある事を示します。右手はまだ銅貨をクラシック・パームしていますが、左手の上にある銀貨をドラマチックに数回ひっくり返します。

「そして、もし、銀貨が消えてここから出現したなら、私のお守りのコインはあなたの握った手の中にあるはずです」観客が手を開いたら、大きな声で「信じられない！」と言います。右手で銀貨を取り、何気なく手を下ろして、隠し持っている銅貨と一緒にポケットの中へ入れてしまいます。すべての注目はお手伝いして頂いている方の手の上にあるコインと、今体験した奇跡に集まっています。

これでおしまい。標準的な技法と単純な動作でこのマジックは構成されています。私はこの単純さが好きです。ここから力がみなぎっています。次のマジックに進む前に2つの事をお話ししておきましょう。

観客の手の中にコインを握らせた後、観客にその事について決して尋ねていない事に注意してください。私はそれが間違いだと思っているのですが、多くのマジシャンたちはこの種のマジックを演じるときに行っています。彼らは「手の中にコインを感じますか？」とか、最悪の場合「さあ、今銀貨を握っている事を忘れないでください」と言います。ここではたった1枚のコインしかなくて、それを彼女に手渡したのです。観客は心からその事を信じているので、

それ以上不必要な事を言ってしまうと、彼らの心に疑念が生まれかねません。

　マジックが終わった後、私が"演技後の脚色"と呼んでいるテクニックを練習する素晴らしいチャンスがあります。どういう意味かと言いますと、観客に記憶して欲しい事をわざと強調するのです。観客たちはここで強調した事しか後で思い出せなくなるのです。こんな感じで話します。「考えてもみてくださいよ——あなたに決して触っていないのですよ。あなたは銀貨を持っていて、それがあなたの手から消えたのです。誰もあなたに触っていません。不可能なんです。そして、あのコインがあなたの握った手の中から現れました——そして、あなたはどうやってテクニックを使ったかなんて分かりませんよね？（はい）じゃあ、テクニックは一切使って無いし、私の袖はまくってあって、両手は空です。でも、何があろうと、あなたの手の中で不思議な事が起こったのです。マジックが起こった瞬間、何か感じませんでしたか？」
　このように観客に話すと、あなたが勝手に解釈したり脚色した事を観客はそれこそが事実だと確実に思い込むのです。そして、後で現象が起こったときに手の中で確かに何かを感じたと、コインを握っていた観客はその場にいた皆さんに明言するのです。

　この"演技後の脚色"の中で私が使ったセリフをもう一度見返してください。もし、私が正しく観客を誘導出来たなら、観客たちが誰かに現象を語る時、私の使った言葉が彼らの話す内容となり言葉になるのです。このテクニックを最初に学んだのはホァン・タマリッツからでした。これは本当に多くの現象に応用出来ますし、応用するべきです。

　最後に一言。6個くらいの丸めたフラッシュペーパーを予備の銅貨を入れておいた巾着袋の中に入れて準備しておけば、すぐにリセットが出来るので、誰もいないパーティー会場の隅に行ってコソコソ演技の準備をする必要はなくなります。

はい、鳥を見て！
Watch the Birdie
満足のいく即席マジック

　ボブ・リード(注1)がマジックを演じている所を見た事がありますか？　彼は普通のハンカチからシャンパンボトルを取り出しました。そして、どうやったのかを説明してしまいます。ところが、説明と同じ方法とハンドリングを使って、あなたを再び思いっきりビックリさせるのです。本当に飛びっきりのマジックです。そのうえ彼は世界で一番面白い人でした。本当ですよ。

　何年か前に、私もボブが行ったようにボトルを取り出したいと思いましたが、そこには1つ問題がありました。私はほとんどの場合上着を着ないのです。ポール・ハリスの著書『クロースアップ・エンターテイナー』の123頁（チャック・マティネス・プロダクションズ刊、1979年）、または『アート・オブ・アストーニッシュメント』（A-1マルチメディア刊、1996年）の第2巻、163頁(注2)に掲載された"キング・ソロモンズ・ドリンク"という作品は、クロースアップの状況でハンカチからビールの入ったグラスを取り出す大変大胆な方法です。たとえ観客に囲まれた状況で演じるとしても、上着を着る必要はありません。

はい、鳥を見て。(注3)
　私のハンカチから鳩を出そうと言います。右手をハンカチの下に入れ、ゆっくりと、指の1本をまっすぐに立たせます。誰もがハンカチの下で指を立てていると思って、ちょっとした笑いがおきます。布をどけると、人差し指が立っていて、その先には小さな紙製の鳥が付いています。この紙の鳥をハンカチで包むと、消えてしまいます。それが私の指先に再び現れます。この素敵な導入部を演じた直後に、栓が開いた本物のビール瓶がハンカチから出現します。チャラーン！

　紙製の鳥はこんな感じです――この小さな紙製の鳥をあなたの人差し指に

ピッタリのサイズの指輪の上に取り付けます。あなたもご自身で作る事が出来ます。小さな鳥を切り取って、紙の指輪にノリで付けるだけです（図1）。または、インターネットで素敵な"鳥の指ぬき"を検索してください。入手困難ですが、鳥の指ぬき自体は売っています。

図1

最初に鳥とハンカチをズボンの右ポケットに入れておきます。ビール瓶（これは栓が開いているものでなければならないと思っています）は私のズボンの左尻ポケットに入れておきます（図2）。

図2

このマジックは囲まれた状態で演じる事は出来ません。瓶はポケットの中でちょっとかさばりますし、後ろから見たら瓶の首が7センチほど尻ポケットから突き出た状態なのが後ろから丸見えなのです。この作品の利点は、これが本当に実用的な手順であって、歩き回っている時注意していなくても良い事。私はこれを歩き回りながらマジックを演じるときの〆の演技として演じています。もし、私の後ろに誰かがいる場所で演技をしなくてはならないなら、ただボトルを尻ポケットから引き出してビールを瓶から呑んでいるように持ち歩けば良いだけです。私の後ろに壁がある状態（後ろが隠された状態なら何でも構いません）でグループに対して演技が出来るような良い状況になったら、瓶を尻ポケットに差し込んで演技を始めます。

最初に右手をポケットに突っ込み、紙の鳥を人差し指にはめます。ハンカチを取り出して示しますが、指先の鳥は隠し続けます。ハンカチの両面を示します。そして、これを私の右手の上にかけ、今から鳥を取り出すと言います。昔ながらの方法で、中指をゆっくり立てます(注4)。

左手でハンカチをサッと取りますが、素早く中指を鳥が付いている人差し指と入れ替えます(はい、ずっと人差し指を立てていれば良い事は分かっているのですが、そうしてしまうとハンカチの下で堂々と観客に向けて中指を立てるというひそかなスリルを味わえないのです)。この鳥付き指輪の取り出しは大げさに演じてはなりません。そうならないように私はジョークとして演じています。

左手の手のひらを開き、ハンカチの位置を調整して、均等にハンカチがその手にかかるようにします。大変ゆっくり、鳥が付いている人差し指を左手の手のひらとハンカチの中央に載せ(図3)、鳥の周りを左手の指先で軽く包み込むように握ります。すると、布で軽く右手を包むようになります。

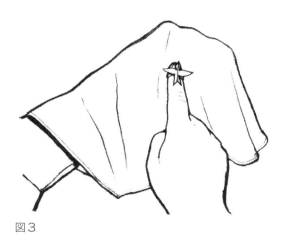

図3

ここで、ダニエル・クロスが教えてくださった美しいシンブルの消し方を行います。(鳥がまだ付いている)右手の人差し指を左手のこぶしから引き抜き、20センチから22センチほど手前に向けて動かします。右手を動かしながら、指を曲げ、右手の中指と親指で鳥を引き抜いてしまいます(図4)。

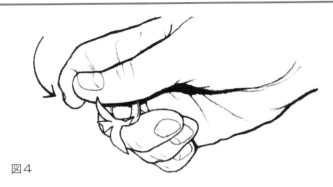

図4

　動作を続けて、右手を再び左手の握りこぶしまで動かします。この間に右手の人差し指を再び伸ばします。右手の人差し指で左手の握りこぶしをトントン叩いて、「はい、鳥を見て」と言います（左手を開ければすぐに現象が起こってしまうのですが、正しいタイミングで行うと観客の目を欺くような凄い消失になります。順序よく構成された自然な動作によってハンカチの中に鳥が残されたような完璧な錯覚を作り上げます）。

　右手の指先でハンカチの隅をつかみ、ゆっくり布を持ち上げ、ハンカチが左手の握りこぶしから完全に抜き取られるまでそれを続けます。ハンカチを2回サッと振り、間を置いて、次にゆっくりと左手を開きます。小鳥は消えてしまいました。

　短い間をとったら（繰り返しますが、この小さな現象は大げさに見せません）、右足に何かが降りて行った事に気付いたフリをします。右手を自由にするために、左手でハンカチの隅をつかんで持ちます。ここは、ほとんどのマジシャンたちが瓶をスチールして隠すために特別な持ち方をする場面です。私が考えるに、どんな種類の特別な持ち方をしてもそれ自体に注目を集めがちです。ですから、私は単に左手を使ってハンカチの隅をつかみます。

　右足を少しだけ前に出して、左手を腰の高さまで下ろし、少し後ろに引きます（瓶のスチールのための位置に動かしたのです。私が注目しているのは右足です）。

　ちょうどタバコをもみ消すように、右足で床をギュッと踏みます。この動作で右手の人差し指にひそかに紙の鳥を差し込む動作をカバーします。右足を上

げて、右手をそこに伸ばします。こうしながら、左手をゆっくり背中に動かし、ポケットから突き出ている瓶を抜き出しやすい位置に移します。

人差し指を伸ばして、右足から鳥を取り出します。それで靴底をトントンと叩きます。その瞬間、左手は瓶を引き出し、ポケットから出します(図5)。左手に持っているハンカチのかげに隠れていなくてはなりません。立ち上がり右手の人差し指の鳥を示しながら、左手を身体の脇の自然な位置に降ろします。再び、指先にある鳥にすべての視線が集まります。

図5

鳥を外して右ポケットにしまい、右手が本当に空である事を示します。右手を身体の前で止めます。そして、左手のハンカチと瓶を待ち構えている右手の前に持ってきます。右手は絶対に動かさないでください——左手で瓶を右手に

持ってきます（図6）。すぐに右手は瓶をつかみ、左手はハンカチをサッと取ります（図7）。これは凄い事をしたように大きく見せます。瓶からビールを飲むフリをし、ロックスターのようにニヤリと笑います。

図6　　　　　　　図7

注1：1940年〜2005年。イギリスのコメディマジシャン。世界中で活躍した。
注2：邦訳あり『ポール・ハリス　日本のレクチュア』松原康朗訳、マジックランド刊、1988年
注3：Watch the Birdieは、子供の写真撮影のときに使う常套句。鳥のオモチャをカメラの横に掲げて、子供の注目を集める。
注4：作品の名前は、この動作を英語で"Flipping the bird"という事にもかかっています。ただ、アメリカで相手に中指を立てるジェスチャーは大変侮辱する動作なので要注意。

完璧な謎
A Perfect Mystery
その魔法の感覚

　私はアスペン物理研究所のレセプションで演技をしていました。長年の間、年2回楽しんでいた仕事でした。ある時、(胸ポケットにポケットプロテクターと定規を挿した、いかにも堅物そうな感じの) 50歳代初頭の男が長い時間私をじーっと見つめ「もう、そんな子供じみたもんは片付ける時間だぞ」と言いました。人に対して目の前でプイッとそっぽを向けるなどという失礼な振る舞いをそれまで見た事がなかったのですが、彼は私の目前でそうして、誰かに会うためにゆっくり部屋の反対側へと歩いていきました。

　私はこの事を頭の中から締め出し、自分の仕事を続けようとしました——会場を歩き回って人々を楽しませるのです。少なくともこれが私のしたかった事でした。実際には、イベントの残り時間ずっと、あの辛辣な言葉が私の頭のど真ん中に残っていました。この夜、上手く演技するどころか、誰とも気持ちを繋げる事が出来ませんでした。私が気もそぞろで、ただ動作を続けているだけなのは、観客たちにも明らかでした。それはすべて空虚に思えました。彼らにも、私にも。

　車のエンジンをかけ自宅へと向かう道すがら、この一人の男の捨てゼリフのために、どうしてここまで悪影響を受けてしまったのか解明しようとしました。他の人が私について思った事を気にした事などそれまでまったくありませんでした。演技者にとっては奇妙に思えるかもしれません。しかしながら本当でした。

　そう、なぜこのまったく見知らぬ男の意見がこれほど強烈に影響を与えたのでしょう？　こう結論づけました。彼は、マジック（特に私のマジック）がくだらないと感じたのです。そして、さらに重要な事は、多くの人がマジックを見たときに思う何らかの感情を彼は単に声にしただけなのではないか？と薄々感じたのです。私は一生懸命頑張ってマジックを演じています。そして、それを子供だましとかくだらないと思われるなんて耐えられません。ならば、この心理的危機をどうやって乗り越えれば良いのでしょう？　私の身勝手な時間が過ぎていきます……。

一体何がマジックの演技を価値ある体験にするのでしょう？　私は純粋な楽しみとしての要素を否定する人間ではありません。単純な演技を楽しむ事は好きですし、確実にその事自体は何の悪い事ではありません。ただ面白いだけの純粋な娯楽は素敵ですし、良いものだと考えています。それは人生最大の楽しみです。しかし、ほとんどどんな事でも私たちは楽しめますよね？　では、さらに具体的に言えば、どうしてマジックは他の楽しみと違うのでしょう？

　答えはこうです。マジックは、私たちが"不思議"と呼ぶ独特な感情を扱うからなのです。これは思考的というよりももっと感情的な部分であり、そのために明確にする事は大変難しいのです。しかし、不思議、驚き、驚異——私たちがどう言おうが、こうした事はマジシャンの演技だけが受け持つ専門領域です。さらに重要な事は、不思議を体験する事はくだらない事ではまったくありません。この事を私は強く主張します。不思議は一部の人に起こるかもしれない、もっとも感情を揺さぶる強烈な出来事なのです。

　私が主張しているように、もし不思議が強烈な出来事であるのなら、なぜ中には同じマジックの演技をくだらないものと考える人がいるのでしょうか？　一番端的に言えば、驚きという体験全部を伝えられなかった演技者の失敗が原因です。マジックが下手に構成され、演じ続けると、それは手なぐさみやパズルの一種になってしまいます。誰も解けなかったり、解き方が手に入らないパズルを贈る人なんてどこにもいません。そのような事をする人は本当に救いようもないのですが、重要ではない事としてすべてを否定はしません。まぁ、せいぜい時間つぶしの気晴らし程度の扱いでしょう。しかし、これは一番端的な例に過ぎません。もし、演技者がベテラン——本当にすごいマジックを演じる本物のアーティストです——であったとしても、観客から退屈そうな反応をされてしまったなら、それは良い事ではないですよね？　私が知っている最高級のマジシャンでもこういう事が起こりました。ちょっと深く考えてみましょう。

　私見ですが、マジックを演じる事はくまなく観客の内面を探索する事であると理解し始めました。これは見ている人の中に隠されている秘密の場所を探す事なのです。そこは理解出来ない、コントロールも出来ない、そしてすべての物事がグルグルと無意味に踊っている場所なのです。不思議。驚き。畏怖。私たちは自分たちの心の中にあるこうした場所が存在する事を、自分たちの時間と力の多くを費やして否定し抑えてきました。私たちの中にはそんなものは存

在しないと確信している人もいます。私たちはコントロールされ、物事を理解し、私たちの生活はすべてに原因と理由があると私たち自身が思い込んでいるのです。

　良いマジックはあなたの心の中にそっと忍び込み、これは謎なのだと認識できている心のどこかへ導く秘密の通路を見つけ出すのです。多くの人は「謎」と「パズル」を代替可能である言葉として使っています。謎は解けない問題として見られています。パズル。その答えを見つけ、私たちに謎の説明をする専門家を私たちは待ち望んでいるのです。しかし、そうする事が正しいとは私は思いません。実際、本物の謎はどんな種類の解決法も持ち得ません。それは決して答える事や解く事、その条件に近づく事さえも出来ません。謎は本質的に、そして、その性質上不可解なのです。それはパズルでも、解けない問題でもありません。それは解法へと分解する事も出来ません。謎は謎であり、いつもそのままの状態で存在しているのです。

　仕掛けのあるマジックの演技は決して本物の謎として演じられないのは当然の事です。そして、それでまったく構いません。芸術は何かをほのめかすようにして提示され、その主題を明確にします——それは決して実際に見えるものではありません。マジックは見せかけの奇跡に満ちた世界です。私たちはそれが本当の魔法ではない事を知っています。私たちはそれに何らかの種がある事を知っています。私たちは、マジシャンが実際に奇跡を行う事など出来ないと知っています。それでも、私たちは客観的に見分けがつかない程奇跡に本当に近く見せかけた何かを演じる事が出来ます。

　この時点で、不思議という感覚が私たちの中に浮かび上がってきます。驚異とは、何かが破壊されたという感覚の誕生を意味しているのです。私たちは突然、私たちが知らないと思っていた秘密の場所を思い出すのです（これは知的なレベルでの認知ではなく、曖昧な感覚というより個人的感情のレベルでの認知です）。人によっては、驚異というものは一瞬で放たれた強烈な稲妻のようなものなのです。それは不思議から引き出された高遠で心が浮き立つような感覚なのです。それは強力で心を揺さぶるものなのです。人によっては、これは彼らを不安にさせます。こうした不幸な人たちを助ける事は出来ません。しかしその不安を解消するためにマジシャンがどうやったのか理解しようと彼らは必死に喘ぐわけです。そして、それが理解出来なかった時、その感情は苛立

ちになります。彼らはお手上げの状態になり、起こった事についてどうやって考えていいか知ろうとしませんし、今見た事から推測される「謎」という結果が気に入らないのです。このために、上手く優れた技量でマジックが演じられた時、それを「子供っぽい」とか「くだらない」とレッテルが貼られた心の中にある箱に投げ込む事になるのです。またはもっと悪い事になるでしょう。彼らが謎に向き合う事が出来なかった時、こうしたレッテル貼りは特定の人たちにとって精神的苦悩や問題に対処するために働く"対処メカニズム"という名の現実逃避をする事になります。

　考え方をもう少し分かりやすくするために、マジックの演技における質は大変不安定なものだという事を指摘させてください。たとえ偉大なマジシャンでも限界があるのです。虚構の世界と分かっていても本当に起こった事だと喜んで受け入れようとする見ている人の側に出来る限り注力する事が必要です。知的に脅されたと感じさせるのではなく、マジシャンの技量によって観客を不思議がらせる事は、洗練され成熟した想像力を持った観客に対してしか出来ないのです。ただ単に心の中に埋もれている秘密の場所に飛び込めず、「マジックは好きじゃないなぁ。馬鹿にされた気になってイライラするんだ」というような事をいう人は周囲に多くいます。

　これでマジックは他の個別に存在する芸術のように、誰にでも合うものではない事が明らかになったでしょう。なぜそうならなければならないのでしょう？　カードマジックのような本当に単純な見世物によって、その人が存在するための根本的な行動規範を揺さぶられる事があるという考え方を好まない人がいます。私はこれを演技の失敗という形で見たのです。それは演技者の側の失敗ではなく、見ている側の失敗なのです（私がここで言っているのは、素晴らしいマジックを演じる優れた技術を持ったマジシャンの事です——それより程度が低いマジシャンですと、観客にマジックの中に深くのめり込んでもらえません）。これは、マジックがくだらなかったり、子供っぽいという事ではありません。これは見ている側が不安な気分を払拭するためにマジックをくださないものと決めつけているだけなのです。

　なので、人々が謎をこうしてはね付けるのを聞いた時、私は彼らにある種の残念さを感じるようになりました。彼らが持っている想像力の筋力は、見せかけの奇跡という重りさえ支える事が出来ないところまで衰えてしまったのです。

これが物理研究所にいた男に対する私の見解です。彼にとっては残念な話です。彼は（もしかしたら持っていたかもしれない）想像の中で好きなだけ熱中したり、不思議を体験する貴重な能力を失ってしまったのですから——結局、こうした喜びは私たちの中にある繊細で創造的な魂のためだけに残されているのです。

近くの警告
Proximity Warning

望み通りの印象
The Desired Effect
考え方、目的、そして先見の明

　ある時、大変有名な作家の家にお呼ばれした事があり、私は彼の書斎にあった椅子に座っていました。彼のキーボードの上には手書きのメモがテープで貼られており、そこには「望み通りの印象は何か？」と書かれていました。それは大きな文字で書かれており、下線が6本も引いてありました。私はそれについて言ったり尋ねたりする事なく、私たちはその日を過ごしました。

　その日まで、私は彼のキーボードにあったメモについて考える事はほとんどありませんでした。単純な質問です。11文字しかありません。しかし、一度この質問を私自身に問い始めたら、これは全く簡単な事ではないと分かりました。それ以来私は自分のショウ全体にこの質問を応用し始めました。

　ショウが終って立ち去る時、私の観客の心に残したい事は何なのでしょう？彼らに何を考えて欲しいのでしょうか？　彼らにどうやって感じて欲しいのでしょうか？　彼らに何について覚えてもらって、それを他の人に話して欲しいのでしょう？　この意味は何なのでしょう？　これらの質問に対する答えが、私が「望み通りの印象」と呼んでいるものなのです。ショウが終わった時に人々の心の中に残っていて欲しい事なのです。もっと直接言ってしまえば、このショウはどういうものなのか？という事なのです。

　それぞれの演技とそれぞれの新しい観客たちに対して、「望み通りの印象は何か？　この本当の目的は何なのか？」という質問にはそれぞれ違った解答が必要です。しかし、自分自身でそれを定義しなければ、望み通りの印象を生み出す事など多分出来ないでしょう。どうすれば良いのでしょう？　これは的がぶら下がっている場所を知らずにダーツの矢を投げ続けているようなものです。

　ショウそのものについてどのような決断をするかという前に、望み通りの印

象をあなた自身が知らなければなりません。これは最も重要な考えであり、指針であり、実際にはあなたがしようとしている事の核心部分なのです。これが無くては、まったく意味がありません。

　これはショウに「メッセージ」が必要であると言っている訳ではありません。望み通りの印象は純粋な娯楽である事もよくあります。笑いと驚きと共に楽しさを届けられるのです。しかし、それでもショウを始める前にはっきりと何が望みなのかを理解しておく必要があります。何故かって？　重要ではない動作、台詞、間は不要だからです。自分にとって必要なすべての動作、台詞、または間のどれもが演技に加えられ、私にとっての望み通りの印象を強化します。そうでなければ、そうしたものが望み通りの印象を損ねたり、分かりにくくしてしまうのです。どっちつかずのものなんてあり得ません。これは大変重要な考え方です。もう一度言わせてください。ショウには必要なすべてのものが加えられなければなりません。そうでなければ失敗します。どっちつかずのものなんてあり得ないのです。

　もし、あなたがこれに従うのなら、ショウ全体のためにこれらの質問に答えた後、ある事が分かってきます。順を追ってそれぞれの現象についても、こうした事を答えなければならないのです（この現象の演出は、望み通りの印象を全体的に強化するのでしょうか？）。そして、次にそれぞれの現象のハンドリングに関しても答えなければなりません（例えば、フラリッシュというものは、あなたの目標によっては大いに魅力を加える事も、大いに印象を損ねる事もあります）。そして、次に現象の間をつなぐ移行部分についても答えなければなりません。どうやって舞台に上がって、どうやって舞台から去るべきなのでしょう？　何の現象でショウを終えれば良いのでしょう？　マジックの現象の事を実験、実演、イリュージョン、どう呼べば良いのでしょう？　もしかしたら単に「トリック」と呼べば良いのでしょうか？　全体としての望み通りの印象によって、これらすべての答えがどう決まってくるかお分かりになりましたか？
　もし私がこのショウはどういうショウか、次にすべての瞬間、すべての間、すべてのマジックの現象、すべての流れ、すべての台詞を知っていたら、実際、すべての言葉は望み通りの印象すべてを作り出すために役立っていなければなりません。

　ここまで読んだ後、私が台本なしで多くの事に取り組んでいる事を知ってあ

なたは驚かれたかもしれません。仰る通り、すべてを統合させて組み上げた、演技にいつも上手くはまる台詞はあります。そして、すべてに完全な演出をつけています。しかし、もし私が話す事の少なくとも25％（そして出来ればそれ以上を狙っていますが）が自然に生まれた計画外のアドリブでなければ、その演出は失敗していると考えます。私がこうお話しする理由はこうです。何故なら即興的に演技をするとき、何をしようとして、しようとしている事は何であるかを完全に理解する事よりも、正確に何が望み通りの印象なのかを理解している方がより重要だからです。もし、私がこれを決めていなかったら、最終的に私の無駄な喋りによって確実に演技がダメになってしまうでしょう。

先ほど指摘しましたが、一つの切り離された現象というものは、マジックを学ぶ中でのありがちなルーティンワークです。それでも良いと思います。しかし、ほとんどのマジシャンたちがそのありがちな手順から始めて終わる事は不幸な事でもあります。何故ならそれはありふれた現象であり、私たちを含めた誰もがよく知っているにも関わらずそのありふれた現象から演技を始めなければならないからです。演じている現象を1つ選んで、あなた自身で思い通りの印象は何か問いかけてみてください。その現象を演じる目的と、見ている人に残すべき事は何ですか？　そして、ショウに入れた個々の現象に分けて、それぞれの現象が思い通りの印象に役立っているか（それなら加えます）、もしくは違う方向へ向いているか（それなら減らします）自分自身に問いかけます。本当に必要な事柄を損ねる言葉や動作の改善に取り組みます。毅然とした態度で行いましょう。大胆不敵に行きましょう。もし、その現象にピッタリとはまる本当に面白い台詞があってもまったく気にしません。それが思い通りの印象全体を損ねるのなら、その台詞を消します。もしあるジョークを絶対に入れなければならないなら、それを書き直し、望み通りの印象に関連付け強化します。この方法であなたがレパートリーにしているすべての演技を改善していきます。

しかし、ここで止めないでください。どうやって紹介され、どうやって舞台に上がるかを検討します。それはあなたが作り出したい印象を観客に与えますか？　あなたは権力者や、ドタバタ喜劇のキャラクター、そういう人物たちとはまったく違う人になる事も出来ます。しかし、あなたが何者なのか知っておかなければなりません。それぞれの演技の間をつなぐ連結部分にも注意深く目を向けましょう。ある現象から別の現象への移行部分は、マジックショウの中でも一番弱い部分になりがちです。もしあなたが望み通りの印象全体がどうあ

るべきか知っていたら、その部分を強化出来ます。ショウの目的と、それぞれの現象を関係づける事によってある現象から別の現象に導くのです。何の演目でショウを締めくくるべきですか？　どうやって舞台から降りるべきですか？

　これはさじ加減が本当に難しいバランス芸なのです。あなたは望み通りの印象をショウ全体に加えながら、それぞれの演目もそれ自体が印象的になるように調整しなければならないからです。もちろん、これはすべて理想論を書いています。私自身の仕事でも完全に一致出来た事は決してありません。しかし、私はこれを心の中で模範だと思っています。すべての瞬間を自分が思い描いた印象を生み出すためにショウの中へ注入するのです。これをもっと詩的に言えば、それぞれの細部は全体に含まれ、そして、全体はすべての細部に存在するのです。

　これはマジックの演技に真面目に取り組んでいる人のためだけのアプローチなのは、疑いようありません。望み通りの印象を理解する事はオリジナルなモノの見方を作り出す始まりなのです。それは演技を通して何かを言う始まりなのです。唯一無二の視点を見つける始まりなのです。そして、これは本当に大変な努力の始まりでもあります。望み通りの印象を完全に理解する事が、すべての始まりなのです。

バニービル・スインドル
The Bunny-Bill Swindle

形跡

　とうとうバニービル・スインドルという酷い話をする時がやってきました。マジシャンのシルクハットからウサギが飛び出すボブ・ニール[注1]が考案した驚くべき折り紙から話しは始まります。もしご存じなければ、この小冊子を販売しているシカゴにあるマジック・インク社に連絡をするか、ボブの本『フォールディング・マネー・フーリング』（カウフマン・アンド・グリーンバーグ刊、1997年。130頁）を入手してください。ここでこの折り紙の折り方を解説しません。ただ、詐欺のやり方だけをお教えします[注2]。

　この不道徳なもくろみは、特にタワーズ・バーで親たちが私をベビーシッターとして利用したときのために考案しました。お分かりの通り――ママとパパが子供をショーのために私の所に連れてきてからそのまま置き去りにして、それから部屋の後ろに移動してカクテルを飲んで会話をする訳です。そして、私はベビーシッターとなるのです。

　良いベビーシッターの料金ってどれくらいですかね？　私の近所では、1時間20ドル稼いでいるようです。子供のために1時間のショーをしてママとパパに一息ついてもらうなら、少なくとも9ドルの価値はあるはずです。

スイッチオン

　「さあトミー、ショーは楽しかったかい？　イイね！　この1時間、僕が話していたときに酷い言葉を言わなかったよね？　もちろんそうだね。じゃあ、家に持って帰る事が出来る魔法のようなお土産を君にあげるってのは？　そりゃ良いや。ママかパパから10ドル札をもらっておいで。僕はここで待ってるから」

　彼が親元に行っている間、右手に1ドル札をフィンガー・パームします。このお札はあらかじめボブ・ニールのバニー・ビルを折ったものです。隠し持っています。

51

「オッケー、凄いよ。折り紙って知ってるかい？　凄い趣味で、楽しいんだ。これは実をいうと上級者向けの折り紙なんだ。紙飛行機を作ったりするの、知ってる？　鳥やカエルや人間とか君だって何でも作る事が出来るけど、これは無理なんだ」

　こう言いながら、受け取った10ドル札を慎重に小さく折り畳んで、これを左手にフィンガー・パームします。同時に（1ドル札製の）バニー・ビルを見えるようにします。ウサギを引き戻し、右手に準備して持ちます。左手は何気なく左ポケットに突っ込み、10ドル札を処理します。このとき、こう話します。
「これは折り紙の中でも一番カッコいいヤツの1つなんだ。どうしてかっていうと、これは動くオモチャだからなんだ。分かる？　これ、マジシャンの帽子。そして、ここからウサギが飛び出すんだ！」（子供はこれが大好きで、誰もがこれをやりたがります）

ペテンにかける
「さあトミー、よく聞くんだ。これを持って帰っても良いよ。でも、もう充分オモチャとして遊びあきちゃうまで絶対に広げちゃダメだ。ちょっとでも広げちゃったら、もう二度と元通りに出来ないからね」

　自分自身に"人生ってヤツは大変だよな"とつぶやき、すべてを正当化します。彼は人生の早い時期に良い勉強が出来たのでしょうね。

注1： 1929年生。アメリカのアマチュアマジシャンであり、パズル、折り紙の専門家。
注2： "バニー・ビル"は1964年に発表され、今もマジック・インク社より小冊子が発売中。9ドル95セント＋送料。
　　　http://www.magicinc.net/bunnybill.aspx

バー・フライト
Bar-Flight
くだけた状況で

　もしくだけた状況で何かマジックをやって欲しいと頼まれたら、好んで"その場で見つけたもの"を使って演じます。もちろん、1組のトランプやロープを取り出して素晴らしいマジックを行う事も出来ますが、誰もがウソっぽいと気づいてしまいます。もし出来るなら事前にマジックを即席に演じるように見せる準備をしておきます。その場にある物を使って"即席"に演じれば、より強力な印象を与えます。私がいつでもどこでもマジックが出来るようではありませんか！（そして、その通りなのです！）

　"バー・フライト"は凄く不思議な作品ではありません。まるで本当に即席に演じたように見える演技構成をした時、大変上手く場に合う素早いビジュアルな手順です。紙ナプキンが普通に置いてあるようなバーやレストランでは特に適しています。

　3枚の25セント銀貨（以下、コイン）が1枚ずつ消えて、デビッド・ロス[注1]の"ポータブル・ホール"のように、最初の2枚はテーブルに置いてあった紙ナプキンの下から現れます。3枚目は紙ナプキンの上に、何のカバーもなく突然出現します。

　このマジックを演じる機会がやって来る前に、バー・ナプキンを私の少し右に、折り目のみの辺が左の方を向くように置いておきます（紙ナプキンは1枚の紙を4つ折りにした状態であり、折り目のみの辺は1カ所しかありません）。単にそこに前から置いてあったようにして、何気なくその場に溶け込むようにします。それについて何も言及しません。

状況を誘発します
　こうしたスタイルでの演技で、これがもっとも重要な部分となります。私が

前に書いた、会場を歩き回って演じるマジックのアプローチのように、演じるようにお願いされたいのであって、演技をすると申し出たくありません。ここではそれがより重要になります。事実、誰かにお願いされない限りくだけた場でマジックをしません。でも、これは誰かが私にお願いしてこないかと消極的に待っているという事ではなく、そういう状況を誘発するのです。

"バー・フライト"を演じる計画を立てたら、「誰も本当に観た事を信じられなくなる」事へと会話の流れを導く良いタイミングを待ちます。「感覚は信頼出来ない」という考え方について会話を進めます。そして、程よいタイミングだと感じたときに「ええ、マジシャンとして毎日人々の感覚を操作しています。なので、皆さんが見た事を信じられなくなる事もあるのを知っています」と話します。

もし、私が正しく役目を務めて正しい言葉を選んでいたなら（これは脚本に出来ません。それぞれのグループや状況によって違ってきますから）、誰かが今あなたが言った事を実演してみてとお願いするでしょう。

「ええ、こうした状況では本当に難しいのです。つまり、試す事は出来ますが——でも、今は本当に理想的な状況ではありません。騙されたと思って見てもらわないといけません」

この発言は私がする何かについて、もっと話すための扉を開くために計算されています。そして、観客の興味を刺激します。同時に私がためらって、あまり乗り気でないようにも見えます。私が言っている事を実演しているのを見たいと、もう一度誰かがあなたにお願いするでしょう。

機は熟しました

「じゃあ、もし3枚のコインを集められたら、何かやってみましょう」紙ナプキンの左側にちょっとした空間を作ります。しかし、紙ナプキンは触らないでください。それは単にそこにあるだけです。コインを受け取ったら、それを縦一列に並べます。私に一番近いコインは、紙ナプキンの折り目の縁から約5センチ横にくるようにします（図1）。

右手を使って、指先で一番遠いコインの縁を押して、親指をその下に差し込むようにして、私から一番遠くにあるコインを取ります。このコインを左手の

バー・フライト

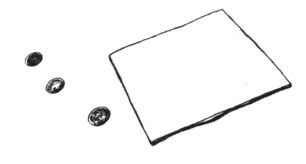

図1

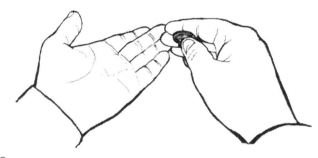

図2

手のひらの上に置くまで、一瞬コインは右手の指先の陰に隠れます（図2）。コインを左手の手のひらの上に置きます。自分に向けて右手を動かし、2枚目のコインでも同じ事をしますが、今回はこのコインを左手の指先の上に置きます。

右手を3枚目のコインに近づけながら、その親指でコインを素早く右の方に弾いて、ナプキンの下に弾き飛ばします（図3）。テーブルからコインを取り上げるフリをして（最初の2枚のコインをテーブルから取り上げるときとまったく同じ動作をしたフリをしてください）、見えないコインを左手の上20センチの所まで持ってきて、そこから"コイン"を落とします。左手の指先をすぐに握って、指先にあったコインが手のひらの上にあったコインの上に落ちるようにします（図4）。このコインがチャリンと鳴る瞬間と右手で見えないコインを左手に落とすタイミングを合わせると、3枚目のコインを先の2枚と一緒にした大変納得出来る錯覚を作り出せます。

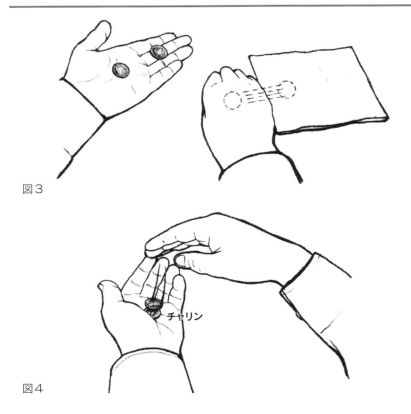

図3

図4

　右手を使って、左袖を引っ張ります。そして、2枚のコインを右手の中に落とします（皆さんは3枚のコインだと信じています）。空になった左手で右袖を引っ張ります。この動作がちょっとしたタイムミスディレクションを生みます。マジックが起こる瞬間とテクニックを使った時間のあいだに数秒間をあける事が出来るのです。

　「このコインをどこへ飛ばしましょう？」こういいながら、テーブルの上に適した場所があるか見渡します。私は紙ナプキンに気付きます（それについて何か話せるほど上手い役者ではありませんので、ただ何も言いません）。答えを待たず、右手をナプキンの上に持ってきて、出来る限りギュッと手の中のコインを握ります——あまりに強く握るので、手はプルプルと震えだします。

ここで、ひそかにナプキンに向かってフッと息を吐き、それがちょっとだけヒラリと動くようにします。私は見上げて、一瞬驚きます。そして、右手を開いてそこには２枚のコインしかない事を示します。コインをテーブルの上、ナプキンの左側に落とし、ナプキンを手前に返してテーブルの上に置き、その下にあるコインを示します。

「お分かりですか？　あなたはご自身の目を信じられません」こう言いながら、右手で２枚のコインを取り、左の方へ動かしますが、１枚をフィンガー・パームして、残りの１枚を左手の中に落とし、これを握ります。普通と違って、ここではコインをフィンガー・パームして１枚を落とす間出来る限りコイン同士が音を立てるようにしたいのです。なので、右手の親指で２枚のコインをこすり合わせて、コインをフィンガー・パームの位置まで引き、もう１枚のコインはその縁からパチンと弾くようにし、左手に落とします。何気なく行いますので、このこすり合わせた音によって２枚のコインが左手の中に落ちたと誰もが思い込みます。

「この１枚があなたにこっそり近づきます」こう話しながら、右手を使って紙ナプキンの隅をつまみ上げ、見えているコインの上に返して被せます。この動作の間、フィンガー・パームしているコインをひそかに１枚目のコインに加えてしまいます。分かってます、分かってますって——固いテーブルやバーカウンターでは、ひそかにコインを紙ナプキンの下に音を立てずに忍ばせるなんて難しいし、もし静かに行おうとすると自然に見えないと仰りたいのでしょう。練習してください——こうとしか言いようがありません。または、その瞬間に咳払いをしてください。

「この１枚でも試してみましょう」握った左手から右手で１枚のコインを取り、示します（誰もが左手には１枚コインが残っているように思っています）。

「またはこっちか。どちらでも構いません」左手の握りこぶしをナプキンの上に持ってきて、手がプルプル震えるまで握ります（これはどちらのコインを消そうか、単に心変わりしたように見えます）。息を吹きかけナプキンをふわりと動かし、驚いたように観客を見て、左手を開いて空である事を示します。

　１枚しかコインを持っていない事をハッキリ示します。次に、この残ったコ

インを左手に投げ込んだフリをします。右手はこのコインをクラシック・パームします。同時に左手は見えないコインを握り込み、右手を下ろしてナプキンを手前に返し、2枚目のコインが飛行してきた事を示します。

　3枚目のコインの飛行を成功裏に行うため、観客すべての視線を大変注意深くコントロールしなければなりません。もし観客たちが視線をずっと違う場所に向けさせられたと感づいてしまったら、つまり、もし観客たちが、あなたがわざと自分たちの気をそらしていると考えていたら──現象は弱まってしまいます。なので、この次の構成を通して、彼らの注意を何気なくコントロールする必要があるのです。

　右手を動かして、2枚の見えているコインをナプキンの上に置きますが、ナプキンはこの時点でその隅があなたからまっすぐ遠い位置にくるように置いてあります。2枚のコインは中央より少しあなた側にくるように位置を調節します。

　私の注意は、今左手に向いています。握った手の中でコインを少し動かしているようなフリをします。右手を左手に近づけ始めますが、ほんの一瞬動きを止めます。私の注意をナプキンとその上にあるコインに移し、「この下には何もありません」と言います。こう言いながら、右手でゆっくりナプキンを15センチほど観客に向けて引きずり、そこで止めます（図5）。右手でナプキンを動かし始めた瞬間、まっすぐ観客を見ます。こうする事で観客の注意を私とナプキンの上にのっているコインの間に分散させます。ナプキンを前に動かすのを止めたら、私のすべての注意を左手に戻しながら、パームしていたコインを右手からナプキンの上に落とします（図6）。ちょっと前に始めていたように、右手をすぐに左手に近づけ、左手の甲をこすります。私が左右の手を見つめている事で、観客のバラバラになっていた視線を集めします。ここで何気なく一歩後ろに下がります。

　そして両手を開いて、観客をまっすぐ見つめます。出来るだけ長く私の顔に注目を集めます。彼らが視線を下げると、3枚目のコインが紙ナプキンに載っている他のコインの上に載っているのが見えます。信じてください、彼らは驚きます。

バー・フライト

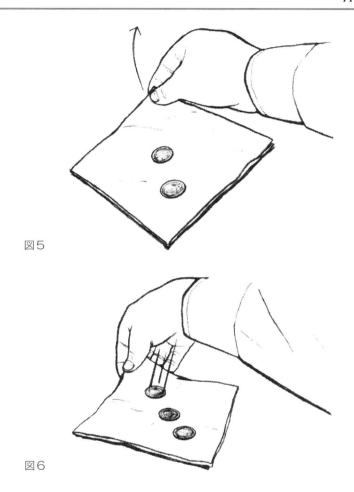

図5

図6

とどめを刺します

　これは大した事のないマジックだとしても、時々行う大変強力な添え物のマジックなのです。3枚すべてのコインをナプキンの中央に包んで、これを誰かにおみやげとして差し上げます。彼らはこの包みが3枚のコインが入っているにしては柔らかすぎるし、軽すぎる事に気付きます。直接彼らに包みを開けるように言い、確かにコインが消えた事を確認します――そして、彼らは本当にあり得ない場所から3枚のコインを見つけるのです。

「どうやるの?」ってお聞きになりました? 私が言った事を思い出してください、現象が始まるずっと前にナプキンを置いておくと言いましたよね? ええ、あの時点でこのマジックの事についても既に私は考えているのですが、この時点では私がしている事に誰もが注意を払いません。私に注目する理由がないからです。私が持っている3枚のコインをどこか近くに仕込んでおきます。繰り返しますが、これは現象を演じるかなり前に行うのです。

紙ナプキンを使ってコインを消すには、単純のコイン・フォールドを行います(どんな初心者向けの本や子供向けの本にも解説されています。少なくとも、あなたの近くにある図書館には少なくとも2つの方法が解説された本が収蔵されているはずです(注2)。

トリックは終わったので、ナプキンでコインを包む動作は何の注意も引きません。単にナプキンを小さな包みになるように包んで、3枚のコインを右手にフィンガー・パームします。左手でナプキンの包みを観客の誰かに手渡しながら、右手はポケットに入れコインをしまいます。観客が包みが軽い事に気がついたら、それを開くように言います。「何ですって?」私は周囲を見渡し始めます。

今夜はコインがどこから現れるのでしょう? そのときにその状況下で驚くであろうと私が思いついた場所ならどこでも良いでしょう。マッチ箱の中から。誰かの食事のお皿の下から。お砂糖が入った小袋の間から。誰かの椅子の下から。誰かのポケットやポーチの中から。重なった灰皿の間から。ここで重要なのは、不可能だけども不可能すぎない場所を選ぶ事です。部屋の反対側に置いた封をした封筒からですとやり過ぎです。一番近い人のスプーン付きのカップ入りコーヒーの中から探し出させるというのは上手くいくでしょう。こうする事で、心に感銘を残す事が出来るのです。

今夜はどこからコインを出現させましょうか?——私は知りません。私たちがその場に行けば自ずと分かる事でしょう。

注1: 1952年生。コインマジックの専門家として知られる。
注2: 邦訳されている著作としては『デレック・ディングル カードマジック(コインマジックもあります)』リチャード・カウフマン著、角矢幸繁訳、東京堂出版刊、2009年(60頁参照)などがある。

3ピース・コンボ
Three-Piece Combo
支配したがる人

　1996年に、私は"ミニマル・エーセス"という題名で4枚のエースをカットして出現させる手順を発表しました（私の『マンブルズ』というレクチャーノートを参照してください）。単純な作品ですが、カードマジックに飽き飽きしたカードマジック専門のマジシャンでさえ、本当に印象的に見えました。なぜなら行うカットは本当に行っていて、特に何のテクニックも使っていなかったからです。このちょっとした短く単純な作品が、時間をかけて大変強力な3段の手順へと進化しました。これこそが、本当に幸運なあなたが私と一緒に今から探求する作品なのです。

　これは存在している各種原理とすでに知られた手順構成が基になっています。なのでこの解説では、中級程度のカードマジックのテクニックについては皆さまがご存知であるとして進めていきます。この手順の中で、フォールス・シャッフルやフォールス・カットの方法については解説しないでしょう。とは言え時が来たら、あなたが知らないだろうと思われるテクニックについてどこで学べるかをお話ししようと思っています。

　（この解説のように、ビッシリと文字だけでイラストが無ければ学ぶ事など出来ないと文句を仰る方も中にはいらっしゃるでしょう。分かっています。私はただ微笑んで、ロイ・ウォルトン[注1]が著した何冊かの本を勉強していた10代の頃を思い起こします。これらの本は、熱心な人だけを対象としていました。これらの本には複雑な解説が満ちあふれていたのです。そして、そこにはイラストがありませんでした――1枚も、です。これらの作品を通して費やした、喜びと欲求不満に満ちあふれていた時間についてどれだけお話してもあなたには伝わらないでしょう。どうやって本当に専門書を読むのか、そして、今読んでいる事をどうやって理解するのかを教えてくれました。この解説はそれよりはもっと易しいでしょう。しかし、イラストが無い事にお詫びはしません。読

書はマジシャンにとって絶対必要な技能だと思っているからです。それはさておき、ここで扱っているのは単なる一般的なフォールス・シャッフルとフォールス・カットです。ここではそれらを組み合わせる方法に価値があるのです。そして、それはイラストに出来ません。その点はご理解頂きたいと思います)

　トランプをカードケースから取り出し、数回リフル・シャッフルをします。その後、4枚のエースを直接カットして取り出しますが、それぞれトランプの異なった場所からきちんと出てきます。そして、4枚のエースをハッキリとトランプの違う位置に混ぜ込んでいきますが、すぐに4枚ともその一番上から出現します(どうして？って言いました？　何故かそうなっちゃうのです。その間に、多くのシャッフルを行っていますよ)。そして、4枚のエースをテーブル上に広げたデックのそれぞれ違う4カ所に堂々と差し込み、トランプを再びシャッフルします。マジシャンは不可能な事をやってみると知らせます。マジシャンは4枚のエースをコントロールしないのです。その代わり、彼は4枚のエースに入り込んだ残り48枚のカードをコントロールするのです。徹底的にトランプをシャッフルとカットした後、それを表向きにしてテーブル上に広げます。すべての赤いカードが一方に、もう一方にはすべての黒いカードが集まっています。4枚のエースは目立つように反対の色のカードの中に入っています。つまり、赤いエースは黒いカードの中に、黒いエースは赤いカードの中に入っているのです。

　ここから先に進む前に、ほんの少しだけ自慢したいと思います。私はこの手順を本当に長い間使い続けてきました。そして、この手順を使って世界最高のマジシャンたちを騙してきました(5年前、ハワイでの3時間にわたる大変激しいセッションの後、ビル・マローン(注2)はこれを教えてくれるかどうか質問してきました。かなり沢山のマジックを私たちは演じ、それについて語りましたが、これが唯一彼がそうお願いしてきた作品でした)。特に、これを使って"ガキども"を騙す事に満足してきました。なぜなら、彼らが知っていて、多分すでに使っている原理ですべてを構成していたからです。彼らを騙したのは構成で、使っているテクニックではありません。私にとって一番重要なのは、この手順がお金を払ってくれた観客たちにも大変効果的であると証明出来た事でした。

　準備は、あなたが独りでいる時にいつでもどこでも行ってください。黒いカードの中からすべての赤いカードを抜き出し、黒いカードがデックの上半

分に、赤いカードがデックの表（下半分）にくるようにします。4枚のエースを見つけて、裏向きになったデックのトップにセットしておきます。この一組をケースに戻す前に最後にもう1つしなければならない事があります——ボトム・カードにクリンプ（曲げ癖）をつけ、カットした時このカードがデックのボトムにくるようにします。カードの隅を下向きに曲げても大丈夫ですし、または強めに縦に曲げクセを付けても良いでしょう。何を使うにせよ、あなたが安心出来る方法でしたら何でも構いません。この1組をカードケースにしまって、準備完了です。

　現象を理解する事が重要です。これはマジックではありません。技術の実演なのです。中にはいつ、どこで、どのような文脈の中でこの現象を演じなくてはならないのか考える方もいらっしゃるでしょう。これはあなたの審美眼にお任せしようと思います。しかし、観客があなたのテクニックに感心したら、すぐにあなたの演技をそれに応じて変える事は出来ます。これは必ずしも悪いアイデアではありません。しかし、このような技術を見せる現象を演じようと思った時、マジックの演目をそれに合わせて変える事も肝に命じておく必要があります。

　良いでしょう、ショータイムです。

　トランプをケースから出してテーブルに置きます。一回カットして、次にテーブルの上にドリブルします。ここで、カードケースを閉じ、脇にどけます。右手で（1組の中央付近にある）クリンプ・カードからカットして、デックの上半分を右に置きます。右手に持っているカードの山を左手に持っているカードの山にあるトップ・カードの下に差し込むようにザロー・シャッフルを行います。もし、あなたが他の一般的なザロー・シャッフルを使っていらっしゃるなら、私がザロー・シャッフルを行うと言ったらいつも解説している手とは逆の手を使ってデックをカットしてください（このシャッフルのイラスト付き解説は『ロベルト・ジョビーのカードカレッジ3』（ロベルト・ジョビー著、壽里竜訳、東京堂出版刊、1992、1998、2006年）147頁を参照してください。私は10代のころ、ジョン・メンドゥーサ著『ザ・ブック・オブ・ジョン』（自費出版、1978年）に記載されたイラストのない素晴らしい解説から学びました）。

　一緒に行っていたら、ザロー・シャッフルで3枚のエースを1組の中央付近

にあるクリンプカードの下に差し込み、残りのエースはトップにある事が分かります。素晴らしい。これを揃えて、ちょっと間を置きます。そして、次に2回目のザロー・シャッフルを行うために左手を使ってクリンプカードの所からカットして左に置き、左手に持った山の一番上にあるカードの下にザロー・シャッフルを行います。こうする事でデックは元の順に復元されます。

　ギャンブルといかさまについて話し始めたら、右手でデックの下半分をアンダーカットして取り、アップ・ザ・ラダー・フォールス・シャッフルを行います。これは単に1回カットするだけなのですが、見た目カードが混ざったように見えます（チャーリー・ミラー[注3]がこのアップ・ザ・ラダー・マルチプル・カットをギャンブルの場から私たちの業界に持ち込みました。この美しいフォールス・カットはポール・ハリスと私が著した『ジ・アート・オブ・アストニッシュメント』第2巻（A-1マルチメディア刊、1996年）に解説されています。原案はヒューガードとブロウイーの『エキスパート・カード・テクニック』（カール・ジョーンズ刊、1940年）の78頁に解説されています）。

　ここで止めて、すべてを揃え、4枚のエースを1枚ずつカットして取り出すと話します。カードをテーブル上にドリブルし再び揃え、次に単にデックの上半分をクリンプカードの所からカットします。このとき、クリンプカードがカットした上半分に加えるようにしてください。空いている手を使って、テーブルの上に残ったカードのトップをめくってエースを表向きにします。カットしてエースを取り出す手順としては結構良くないでしょうか？　バン！とカットすると、ズバリ、エースが出現します。このエースをテーブルの上に投げて置きます。

　デックの上半分をテーブルの上に残ったカードの山の上に戻し、カードを揃えます。左手でクリンプカードからカットしますと、右手で下半分を右に動かす事が出来ます。そしてすぐに右手のカードを使って長めのアップ・ザ・ラダー・カットを行い、3枚のエースをデックのトップへ戻します。カードを揃えたら、すぐにトップ・カードをパチンと弾いて表向きにします。間を置いて、このエースをテーブル上にある最初のエースの上に投げて置きます。

　左手で、デックの上半分をカットして左側に置き、左側にある山の一番上にあるカードの下にザロー・シャッフルを行います。こうする事で2枚残ったエー

スの位置がバラバラになります。1枚はデックの中央付近にあるクリンプカードの下に、もう1枚はトップに残ったままです。注意深くカードを揃えて、1回深呼吸して、クリンプカードからカットします。両手を使って、同時に両方の山のトップ・カードを弾いてめくりエースをそれぞれのカードの山の上にのせます。この2枚を他の2枚のエースの上に投げて置きます。デックを揃えますが、クリンプカードはデックのボトムになるようにします。

"たとえ誰もお願いしなくても"これを繰り返すと提案し、デックを数回フォールス・シャッフルします（ザロー・シャッフルまたは1組のデックを使ったフォールス・シャッフルのどれか、またはレッドーブラック・フォールス・リフル・シャッフルなどあなたのお好みのものをどうぞ）。
最後にトップからボトムへデックの1/4をカットして移して終わります。こうする事で、クリンプカードはデックのボトムから少し上にくる事になります。

　次の段は、本当のカットにアップ・ザ・ラダー・カットの組み合わせを使い、こうする事で4枚のエースを4カ所のバラバラな場所に差し込んだように見えます。この段の間に2つの事が起こる事に注意してください。エースは本当にデックのあちこちに差し込んだように見えますが、実際は4枚すべてが一緒にコントロールされてクリンプカードの下にあります。しかし、より重要なのはカードが少しずつ混ぜられたように見えている間もカードの並び順が維持されるのです。ここは賢い人たちでも騙されてしまう段なのです。

　左手でクリンプカードからカットしてデックの上半分を少し持ち上げ、1枚のエースを裏向きの状態でテーブルに残ったカードの上にのせ「1枚は本当にボトムに近い位置に入れます」と言います。左手は持っているカード（ボトムにはクリンプカードがあります）をエースとテーブルに残ったカードの山の上に戻します。動作を続け、左手はカードを手放さず、すぐにデックの上1/4をカットしてボトムへ移します。こうしてクリンプカードと最初のエースをデックの中央付近に移します。公正さを見せるために、カードをテーブル上にドリブルします。

「1枚は中央付近に差し込みます」再びクリンプカードからカットし、デックの下半分のトップにエースをのせ、左手に持ったカードを元のようにテーブル上のカードの上にのせます。カードを揃え、今回はドリブルを最初に行い、

カードを揃える前にデックのトップから10枚前後のカードをカットしてボトムへと移します。この操作でクリンプと2枚のエースを相乗りした状態でトップ付近へと移します。

「1枚はトップの近くへ。一番上じゃないですよ、トップの近くです」もう一度クリンプカードからカットして、エースをテーブル上のカードの山の上にのせて、左手に持っているカットしたカードを元の位置に戻します。右手を使って、クリンプカードの下にあるカードすべてをアンダーカットして、このカードを使って短めにアップ・ザ・ラダー・カットを行います。クリンプカードはもう一度デックのボトムへ移り、3枚のエースは一緒になってトップにあります。

観客に最後のエースをデックのトップに載せさせ、どこでも望みの場所からカットしてもらいます。もう一人別の人にデックをカットするチャンスをあげるのも好きです。

「4枚のエースをハッキリと4カ所の違う場所に入れました。で、すべてのカードを一緒にデックのトップにもってくるには何回デックをシャッフルしたりカットすれば良いでしょう？　3回？11回？　1回でやってみましょう」ここで出来る限り上手くプル・スルー・シャッフルを行い、続けてクリンプカードから1回だけカットします。（プル・スルー・シャッフルは、ルイス・ギャンスンが著した『ダイ・ヴァーノンズ・モア・インナー・シークレッツ・オブ・カードマジック』（ハリー・スタンレー刊、1958年）の43頁に写真とともに素晴らしく解説されています。別の良い解説としては上記の『ロベルト・ジョビーのカードカレッジ3』158頁があります）。

ドラマチックにデックのトップにある4枚のエースを1枚ずつ弾きながら表向きにして、その前に投げて重ねて山を作ります。
　ここで重要なのは、私が思うに、クライマックスの前にぼんやりとオーバーハンド・シャッフルを行う事です。この手順を通して、私はシャッフルとカットをし続けてきました。そして、誰もが次に起こる事を予期出来ないのです。なので、私はシャッフルして、カットして、シャッフルして、カットして──本当のカットを使ってちょっと混ぜて、フォールス・カットをして、アップ・ザ・ラダーをして、ザロー・シャッフルをして、プル・スルー・シャッフルをしまし

た。しかし、私はそれに注意を引きません。何が起こるかを臭わせたくないのです。再びクリンプカードからカットして、これをボトムに移して終わります。注意して頂きたいのは、カードの色は完全に分かれており、赤いカードが下、黒いカードが上にあります。

　裏向きのデックを広くテーブル上にリボン・スプレッドします。黒いエースを1枚取り上げ裏向きにして、広げたカードのボトムの近くに差し込みます。次に赤いエースを取り上げ、そのトップ付近に差し込みます。次にもう1枚の赤いエースを取り上げ、上から1/3の付近、もしくはデックのトップからかなり離れた位置に差し込みます。残った黒いエースを上から2/3の付近、もしくはトップからさらに離れた位置に差し込みます。重要なのは、それぞれのエースが反対色のカードの中に差し込まれる事で、2枚の黒いエースは赤いカードの中に、2枚の赤いエースは黒いカードの中に入ります。それぞれのエースはアウト・ジョグされた状態のままにしておいて、今の操作の公平性を強調します。そして、次に観客にゆっくり4枚のエースを押し込んでもらい、カードを揃えて、1度だけカットしてもらいます。

　ここで大変素早くザロー・シャッフルを2回行います。そして、本当のカットを何回か行います。「私がエースだけしか出来ないか不思議に思っていらっしゃるかもしれませんね。本当は、デックの中のすべてのカードをいつでもコントロール出来ます。証明してみましょう。4枚のエースを最後に1回だけお見せします。しかし、4枚のエースを無視してデックの中の残りの48枚をコントロールしようと思います」最後の2回のシャッフルを行いながら、このセリフを言います。

　さて、ゆっくりと本当にデックをカットして、クリンプカードをデックのボトムへ移します。「でたらめにやっているように見えても、でたらめではありませんし、今ここでやった事は偶然の思いつきではありません。4枚のエースの他にある48枚のカードを操作したのです。真剣ですよ——証明してみましょう」デックを表向きにして、テーブル上に広くリボン・スプレッドして、カードが赤黒で分かれている事を示します。これは決定的瞬間です。なので、観客たちに充分理解させましょう。

　「すべての赤いカードがすべての黒いカードから分離されているのですが——4枚だけ目立つ例外があります。ハートのエース、ダイヤのエース、スペードの

エース、クラブのエースです」そう言いながら、それぞれのエースを広げたデックの色違いの個所から抜き出します。

───────

　肝に命じて頂きたいのは、お好みならば赤黒の分離のクライマックスなしに最初の2段だけを演じれば、好きなスタック・デックの順を維持出来ます。これを使っていろんな現象を演じる前に、カードが混ざったように見える現象を演じる事は大変良いアイデアだと私は思います。

　この手順の肝は自信たっぷりになる事で、カードの状況を注意深く見ずに演じられなければなりません。全体的に怪しい事がなく、ほとんどぼんやりとやっているように見えなければなりません。

　第2段で使っているクリンプカードを移動させるアイデアは、ダイ・ヴァーノンによる見せ方を基にしており、『エキスパート・カード・テクニック』(1950年に発行された第3版増補版)の459頁に解説された"オール・バック"という手順のために考案されました。彼はデックの様々な個所でカットして、それぞれの場所でカードの裏面を示したように見せたかったのです。実際、彼はブレークを上下に移動させて、それぞれ同じカードの裏面を示しています。ブレークをクリンプカードに変えてテーブル上で行うハンドリングにしましたが、私は単にこの原理を4枚のカードをデックに混ぜ込んだように見せかけるために応用しました。この方法はいつでも複数枚のカードをコントロールする必要があるときに使う事が出来ます。

注1： 1932年生。独創性あふれるカードマジックを得意とするマジシャン。
注2： 1959年生。高度なカードマジックを得意とするマジシャン。バーマジシャンとしても有名。
注3： 1909年〜1989年。名人と称えられたマジシャン。様々な技法に精通していた。

チェンジ
Change

選り好みをする貧乏人

　これは"ジ・オッド・コイン"と呼ばれるジェイ・サンキー[注1]の手順に対する私なりの解釈です（この手順は彼による1987年に発行されたレクチャーノート『アップ・フォー・アダプション』に収録されています）。この現象を可能にした（完璧で優雅な）技法をホァン・タマリッツ[注2]が提供してくださいました。

　観客から手のひらいっぱいの小銭を借り、これを小さな小銭入れの中に入れます。その中のコインの1枚に両面に×印をつけます。こうする事で誰もがこれが他のコインとは違う事が分かります。印を付けたコインを残りのコインの中に入れて混ぜます。フリフリ、混ぜ混ぜ。
　小銭入れを見ずに、この小銭の中に手を伸ばし、ほんの一瞬触っただけで印付きのコインを取り出してしまいます。超人的な感覚を実演したのでしょうか？　いいえ、小銭入れの中身を取り出しますと、すべてのコインは印の付いたコインに変化しているのです。

　これを演じるには、2つの同じ小銭入れが必要です。両手を合わせたときにその中にすっぽり収まる大きさでなければなりません。今ここで、どうしよう、小銭入れをパームしないといけないの？　とパニックになって正気を失わないでください。2つの小銭入れや他の何かをパームする必要はありません。単に本当に小さな小銭入れを手に入れてください。それと約30枚の1ペニー銅貨が必要です。黒の油性ペンで、すべての1ペニー銅貨の両面に×印をつけます。すべての印付き1ペニー銅貨を1つの小銭入れにしまいます。1ペニー銅貨でいっぱいになった小銭入れを左ポケットの中にしまいます。マーカーペンを右ポケットに、空の小銭入れと一緒に入れておき、先に進みましょう。

　空の小銭入れを観客に回して、皆さんに数枚の小銭を入れてもらうようにお

願いします。ある程度色々な小銭が集まった時点でそれを止め、小銭入れは半分くらいコインで埋るようにしてください。

　小銭入れに入っている小銭の中から1ペニー銅貨を取り出しますが、その時皆さんにその中に様々なコインが入っている事をよく見えるようにします。1ペニー銅貨をテーブルに置き、小銭入れを閉じ、右手に持ちます。マーカーペンを取り出しながら、2つの小銭入れをすり替えます。タマリッツの"ダブル・クロッシング・ザ・ゲイジ・スイッチ"を簡単に解説しようと思いますが、『ファイブ・ポインツ・イン・マジック』（ホァン・タマリッツ著、ハーメティック・プレス社刊、1982、2007年）24頁に載っている完璧な解説をあなた自身で学ぶ義務があります（正直に言えば、この本の内容は誰もがすべてを注意深く学ぶ義務があります）。

　1ペニー銅貨に印を付けるためにマーカーペンがいると言いながら、左ポケットを見下ろします（図1）。左手をポケットの中に突っ込み、コインが詰まった小銭入れを取り、軽く握ります。表情と態度で探し物が見つからないと暗に表現します。

図1

チェンジ

　2つの事がほぼ同時に起こります。視線を右ポケットに移しながら、左手は持っている小銭入れを隠しながら取り出します。続けて右ポケットをみつめながら、右手で見えている小銭入れを左手に置くフリをします（図2）——しかし、実際はシャトルパスを行います。右手は軽く握って小銭入れを残し、左手は隠し持っていた小銭入れを見せます。右手はすぐに（グズグズせずに）右ポケットに突っ込み、財布をそこに残して、ペンを取り出します（図3）。上手く行えば、これは完璧で見えないすり替えになります。私はこの動作をデックのすり替えのために定期的に使っていて、決して見つかった事はありません。

図2　　　　　　　　図3

　1ペニー銅貨の両面に大きく×印を書きます。この印付きの1ペニー銅貨を（同じ印がついた同じコインでいっぱいの）小銭入れの中に落とします。そして、その中のコインをよく振り混ぜます。私は指先の感覚と金庫破りと点字の話しをします。覚えて頂きたいのは、この現象は「超人的な感覚を持った感覚を持った指先の実演」であります。

私が小銭入れの中を覗き見していない事を確認させたらその中に指を突っ込み、ちょっと中で探して、1枚のコインを取り出します。ドラマチックにそれが印付きのコインである事を示します。

　最後に、私はそんな指先の感覚を本当は持っていないと告白します。マジシャンしか出来ないインチキをしたと言うのです。ゆっくりと小銭入れの中身をカッコ良く出します。すべてが印付きの1ペニー銅貨に変化した光景を見て、観客は大変驚きます。

道徳的に問題になるかも
　中には借りた小銭を返さない事に異論を持つ方もいらっしゃるでしょう。もしあなたがそうならば、最初から観客コインを借りないでください。その代わり、最初に見せる小銭入れの中にいろいろなコインをあらかじめ入れておき、最初の小銭入れを観客に回す時、その中にあなたがあらかじめ入れておいたいろんなコインが入っている事を皆さんに見てもらえるようにします。
　私はコインを借りて、最後に良いマジックを見たお代だと言い訳をして許してもらう方を好みます。「大体3ドルくらいですよね。これでおしまいにしましょうよ」

注1： 1963年生。独創性あふれるアイデアのマジックで有名なマジシャン。上記作品については『ジェイ・サンキー センセーショナルなクロースアップマジック』リチャード・カウフマン著、角矢幸繁訳、東京堂出版刊、2012年の113頁を参照。
注2： 1942年生。現在における名人と称えられるスペインのマジシャン。

出口にて
The Walkout
本当に大切な時

　ある夜、この出口での秘密のテクニックをボブ・シーツ(注1)が私の耳にささやきました。ボブはこれを自分自身で発見をしたか、ヘバ・ハバ・アル(注2)から言われたか、思い出せないそうです。

　この出口でのテクニックは、レストランやバーの演技者にとっては単純ですが強力な戦略です。あなたが選んだ人に特別ない待遇をして、あなたの事を忘れられなくする方法です。私の経験では、この"出口でのテクニック"を使おうと決めた人はすべて、確実に再び来店して頂けました。私が長年の間定期的に演じていたタワーズ・コメディ/マジック・バーではこんな感じでした。

　盛り上がったショウの後、また来店して欲しいと思った誰かと友達になりたいと思ったとしましょう。彼らは気前が良かったかもしれないですし、彼らは本業で重要な指導者であったかもしれませんし、ただ良い時間を過ごせたからかもしれませんし、私のマジックのファンになったからかもしれません。理由は何であれ、私が彼らに特別な人なのだと感じてもらいたいと思います。

　そして、次のショウが始まり、その間に友達になりたい人々が帰ろうとします。彼らは握手をし、ありがとうと話し、お別れをします。彼らが出口に向かったら、ショウを観ている皆さんに「一瞬だけお待ちください、すぐに戻ります」と話します。マイクの電源を切って、音楽を流し、私の新しい友人たちと出口へ歩いていきます。

　外に出たらすぐに名刺を手渡し、どれだけ彼らの振る舞い方が嬉しかったか、そして来店して頂いてありがとうございましたと話します。もっとしっかりとした握手をして、彼らは帰っていきます。
　店に戻って、音楽を下げ、マイクの電源を入れ、演技を止めた所から続けます。

これが、出口でのテクニックです。

　人に特別だと感じてもらうには数えきれない方法があります。これはもっとも効果的な1つです。もちろん店に戻ってみればショウは止まっていて、誰もが何故彼らはそういう"もてなし"を受けたのかと不思議に思っています。これこそこのテクニックが何故成功するかという答えの一部になっています。出口でのテクニックを受けた人々は、ショウが自分たちのために止められた事を完全に気付いています——これを気付かない訳にはいきません——そして、彼らは大変特別だと感じます。信じてください。

　彼らは再び来店するでしょう。そして、私は彼らが確実に戻ってくる事を待っていますので、彼らの名前、どこから来たのか、他の関連する情報をノートに書き付けます（頭で覚えておくのではありません。きちんと書き付けます）。彼らが半年後や一年後に再び来店したときにさりげなく自分が書き込んだノートを確認して、「ジェフ、メアリー、お元気でしたか？　今回は息子のスティーブをフロリダに置いてきたのですか？」と話す事が出来ます。これは大変強力な作戦です。これはリピート客が大切な仕事を維持するための本当の秘密の1つだと私は思っています。

注1： 1950年生。アメリカのコメディ・マジシャン。バーマジックの名人。
注2： 1914年〜1991年。本名アル・アンドルッシ。シカゴ在住だった伝説のバーマジシャン。この名前は自身が使っていたおまじないの言葉が由来になったニックネーム。

治安紊乱行為
Disorderly Conduct

治安紊乱行為
Disorderly Conduct

メモライズド・デックが持つ、それに関する順列と混沌さの錯覚

　最近、メモライズド・デック(注1)を使う事への興味が大きく広がってきています。私自身の興味はホァン・タマリッツとマイケル・クローズの作品によって1990年に刺激されました——特に、その場でスタックを使って現象と方法を作り上げるための使い方に、です。クローズはこれを"ジャジング（Jazzin'－ジャズっぽく演じる）"と呼んでいます。スタック・デックに対して私が一番興味を持っている方法です。ジャジングは基本的にダイ・ヴァーノンの"説明出来ないトリック"を何度も繰り返し演じるという事で、その時点でのデックの配列を完全に把握して、それを最大限に利用するように演技を始めるのです。最悪、まあ良いカードマジックを続けて見せる事になります。最高な場合は、観客は決して忘れられない素晴らしい奇跡を見る事になります。これは私たちがメモライズド・デックを使ってジャジングを行うために人生を捧げた事で勝ち得た純粋な魔法であり、この上なく素晴らしい瞬間なのです。

　メモライズド・デックが持つ一番の弱点は、カードを本当に混ぜる事が出来ない点です。スタック・デックを使ってジャズっぽい演技を長く演じるには、いろいろなシャッフル、カット、数え方、操作はスタックを崩さずカードの並び順をそのまま維持するように行わなければなりません。それに加えて、賢い観客なら今見たマジックに何らかの"順序"が関わっているとすぐに推測し始めてしまうように、スタック・デックを使う多くの現象があまりにダイレクトであるという厄介な事実があります。すべてのカードが特定の順番に並んだままであるとまでは疑わないかもしれませんが、しかし、どこかにある何らかのカードがあらかじめセットされているに違いないと考え始めます。一度その憶測の種が観客の心の中に根付いてしまうと、この考えを消す事とスタック・デックを使い続ける事はまず出来ないでしょう。そしてスタック・デックは効果的な道具では無くなってしまいます。

この種の演技の大部分は、セッションを通じて、観客にカードの並び順のパターンを覚えさせない戦略が基礎となります。順番にカードが並んでいるという考えは、可能性の1つとしても絶対に思いつかないようにしなければなりません。この治安紊乱行為の章では、規則性と不規則性、メモライズド・デックを使って混沌さを作り上げるために開発したいくつかのテクニックについてお話ししたいと思います。

フォールス・シャッフルに関してのたった3つの言葉

　カードが特定の順に並べられている事がバレる問題のための一番明快な解決法は、観客が納得するようなフォールス・シャッフルをいくつか習得する事でしょう。メモライズド・デックを使ったマジックを演じたい誰にとっても、偉大で必要な第一歩です。自然に見えるフォールス・シャッフルとフォールス・カットという信頼出来る武器は、観客の心の中からカードの並び順という考え方を消すために非常に役立ちます。多くの場合、私たちに必要な武器はこれだけです。

　ここでフォールス・シャッフルやその応用についての技術的な議論をしている時間はありません。あなたのシャッフルがより効果的になる事を助けるかもしれない3つの言葉にだけ限定したいと思います。

態度

　まず第一に、これはいくら評価してもし過ぎる事はないのですが、良いフォールス・シャッフルは正確に行ったから良いという事ではなく、それを行う態度が大きく関わってきます。誰かと話しながらぞんざいに、何ならカードも見ずにオーバーハンド・シャッフルを数回行うのは、観客みんなの視線を浴びながら静かにテーブルの上でストリップ・アウト・シャッフルを3回行うよりもさらに説得力があります。

　現象の中でシャッフルをする事が重要であると要求していない限り（"トライアンフ"がこの例となります）、カードを混ぜる行為は気楽で何気ないものであるべきです。「マジシャンがあまりにも怪しい」という疑念や心の叫びが当然あなたが行うシャッフルへとあまりに多くの注目を集める結果になります。もしあなたがカードを混ぜるなら、ただ混ぜてください。あなたはこの時点で潔白を証明する必要は本当にないのです。カードがよく混ぜられているように見せているだけでも、本当に混ぜていても、どちらにせよあなたは本当に気にかけ

ていないように見えなければなりません。リラックスした無関心な態度がすべてなのです。

多様性

　私見ですが、もしメモライズド・デックに取り組もうと計画しているなら、2つ以上の違ったスタイルのフォールス・シャッフルを覚えて使う事が不可欠だと思っています。

　肝に命じて頂きたいのは、すべてのフォールス・シャッフルは繰り返し見られてしまうと観客に気付かれるかもしれない弱点や不完全さを持っています。デックがぐちゃぐちゃに混ぜられた状態だと思わせるうってつけの錯覚は、様々なカットとオーバーハンド・シャッフルとリフル・シャッフルとランニング・カットを一緒に混ぜて行ったときに生み出されます。こうする事でそれぞれのシャッフルが持つ弱点を打ち消し合う二面性を持っていて、どうやってカードを混ぜるかあなたが本当に気にしていないような錯覚も加える事が出来ます。

　もちろん、あなたが上手いザロー・シャッフルだけを覚えていても良いでしょう。しかし、あなたが行うシャッフルは同じに見えます。たとえ正しい態度で上手く行ったとしても、次第にあなたのシャッフルは"わざとらしく"見え、観客はそれに気付き始めます。考え方としては、それについて指摘せず、またはそうだと証明しながら、カードの並び順がバラバラであると暗に観客を説得するという事です。"見た目"やスタイルが違ったシャッフルとカットを組み合わせて混ぜる事で、これが"心理的に曖昧な状況"となり、観客はただカードが混ぜられたと納得するでしょう。

必要最小限

　この"気にかけていない"態度と異なった方法でカードを混ぜるスタイルを使う事に合わせて、カードの順がバラバラであると納得させるため、必要最小限にフォールス・シャッフルを使う事を考えたいと思います。この考え方はつまりこれは、マジックの中で観客がカードが良く混ざっていると納得するポイントと、あなたが長年練習してきたカッコ良い見栄えのするリフルシャッフルをわざわざ行わなくても、実際に使っているシャッフルが観客にどう見えていてどのように使うと一番効果的かを見つけるという事です。

カードの副次的な扱い

　初心者でも名人たちでも同じように犯す大きな間違いは、カードを副次的に扱うときに起こります。現象を行うときではなく、演技のときに必ず行わないといけない、デックの維持管理をするための操作を行うときに起こるのです。カードを元に戻す方法、カードの山を配る方法、デックの集め方、さらに、同じボトム・カードを何度も繰り返しチラリと見せる――もし注意していなければ、演技中にカードの順を変えないようにしているのが見透かされてしまうのです。マジックが醸し出す錯覚に対して害を及ぼすかもしれない、演技中によくありがちなデックの副次的な扱いについてかいつまんで見てみましょう。

ボトム・カード

　演技の最中にデックのボトムカードが観客に見えないようにする事は不可能に近いですし、少しも理想的ではありません。もし1から52までのカードの順を維持するようにスタックを使うなら、あなたのデックのボトム・カードは絶対に変わりません。これに気付いた観客は、世界中に存在するすべてのフォールス・シャッフルを使ってもカードがバラバラに並んでいるとはもう納得出来ないでしょう。一番重要なのは、デックのボトムが見えるときに、ボトム・カードがいつも変わっていなければならない事です。デックを本当にカットしたときは、いつもデックを表向きにするクセを付けましょう。そうすると可能なときはいつも違ったカードがボトムにある事を見せられます。もし、あなたが使っているスタックデックにある52番目のカードがいつも表向きになったデックのボトムになければならないなら、他の事を強調して、このカードに観客が気付くチャンスを減らしましょう。

カードを配る、数える、文字を綴る

　メモライズド・デックを使った多くの一般的な現象は、数えたり、文字を綴ったりする間、カードを配って山を作る事が必要になります。スタックの順を維持するには、よくあるのは、カードをひっくり返して配っていきます。デックを裏向きに持っているなら、カードを表向きに返しながらカードの山を作る時もありますし、裏向きのままカードの山を作る時もあります。もしデックのトップやボトムとは違う場所からカードを配り始めるなら問題ないでしょう。
　しかし、"カードの重さを量る" 手順のように、それぞれのカードを数え始める時必ずデックのトップから始める場合を取り上げてみましょう。もし、手順を通してあなたが数えていったカードをずっと表向きにしてカードの山に

配っていったなら、観客は最初に配られるカードがいつも同じだと気付きやすくなるでしょう。個人的な体験から言わせて頂くと、もし観客からこう質問されてしまったら非常に答えにくいでしょう。「どうしてスペードのジャックがいつも最初のカードなの？」 繰り返しますが、彼らが偶然この真実を見つけてしまったら、すべてのフォールス・シャッフルをマスターしていたとしてもあなたは助からないしょう。

ならば、これについて私たちが出来る事は何でしょう？ もっとも重要な事は、どのカードが繰り返し見えていたか敏感に気付き、それがもう一度起こる事を避けるようにするのです。これから解説するのは私の解決法のいくつかです。私が今までに見つけた様々なパターンです。

"カードの重さを量る"

"カードの重さを量る"マジックなどで、もしカードを配って山を作る唯一の目的がカードの枚数を数えるためなら、裏向きにしたデックのトップからでも、表向きにしたデックのボトム（一番上）からでもどちらから始めようが関係ありません。可能なときはいつも、デックのボトムからカードを配り始め、裏向きのカードの山を作っていくようにしています。あなたがお使いのスタック・デックによりますが、デックをカットする位置で配ったカードの山のボトムカードが変わります。そのためにカードを配った枚数と観客に見えているカードは常に一致しないので、カードの並び順が観客には違って見えるのです。数える最後の方になったら、持っているデックを少し手前に傾け、表向きになった最後の数枚のカードがハッキリと見えないようにします。これは、カードを数える最後のカードがいつも同じという事実をカバーします。

また、もしあなたの使うスタックの下半分を数えたいのなら、こうすると良いでしょう。デックのボトムカードの代わりに裏向きになったデックのトップカードから始め、カードを数えながらこのカードを表向きにして表向きのカードの山を作ります。あなたが使うスタックの52枚目のカードはいつも同じである事実は完全に隠す事が出来ません。ですから、観客たちがこのカードを見てしまったかどうか気を配り、もう二度と見せないようにするのです。

カードを配って行うカード当て

本当はどんなカード当てにもいえますが、選ばれたカードの名前を綴りなが

らカードを配ってカードを当てる時、カードの山のどちらからカードを配り始めるか選ぶ事が出来ません。どたらからカードを配るかは当てるカードの位置と現象をどう演出するかによって決まります。もし同じ演技でデックのトップから表向きのカードの山を作るように繰り返し配っていったら、カードの並び順に気付かれるリスクがあります。

　演技の最中何枚かのカードの順が崩れても、その並び順が崩れてしまったカードを追跡出来て、疑念を持たせずにもとの順に戻せるならば、私は気にしません。私はよく観客自身にカードの名前を綴らせたり、カードを配らせたりしてもらいます。このときはデックのトップから裏向きのカードの山を作らせるように配らせます。カードの順は明らかに逆順になるので、私は観客が何枚カードを配ったのかその枚数を覚えています。そして、このマジックを演じ終えた後や他のフォールス・シャッフルを行っている間に、これらのカードをカットしてボトムへ移し、オーバーハンド・シャッフルで1枚ずつランして、これらのカードがトップに戻し、元の順に直します。余計な作業が多いように見えるかもしれませんが、もしあなたがちょっとだけ練習をしたら、演技の中で何も考えずに行えるようになります。デックの順番が何気ない、カジュアルは動作の中にデックの並び順が深く隠されますので、あなたの努力は充分に報われます。

カードを元に戻す方法と集め方
　これは例をご覧になれば一番楽に理解して頂けるでしょう。誰かがカードの名前を言ったとします。彼はデックをカットして、彼がカットした所のカードを表向きにしてテーブルに置きます。指定されたカードの数だけデックをカットした所からカードを数えていきますと（数えたカードは表向きにしてテーブルに重ねていきます）、指定されたカードがその枚数目から出現します。この凄い現象を演じ終えたら、デックを元通りに治さなければなりません。一般的な方法としては、前のマジックの中で配ったカードを元の順に直しながらデックに戻していくのです。デックのどちらからカードを配り始めたかに依って、デックのトップまたはボトムのどちらかに戻す事になります。観客が指定したカードは下半分の上に戻し、続いて数えて作ったカードの山、続いてロケーターカード（観客がデックをカットした所にあったカード）、続いて元のデックの上半分、と重ねていきます。これは巧妙ですが、こういう感じでのカードの集め方をしてしまうと、あなたのカードの集め方が問題だと観客にバラしているようなものです。あなたは文字通り、観客の目の前でデックをセットして

るのです。信じてください、観客の何人かはそれに気付き、その事について考え始めるでしょう。

　プロの間ですらこうした間違いがこれほど一般的である理由は、1回だけの出来事なら演技中あなたに痛みはないからです。2回でも、たとえ3回行ったとしても、たぶん方法が伝わる事はないでしょう（思い出してください、この間にフォールス・シャッフルが手助けをしています）。この種のカードの扱いによる良くない影響は徐々に蓄積されていく事に気付かなければなりません。もしあなたが続けてカードの位置を戻し、注意深くあなたのカードを仕込んでいけば、観客は特定のカードの位置が重要なのだと理解しはじめるでしょう。もしあなたがいつもカードを規則正しく集めていたら、賢い人たちはそれに気付くでしょう。フォールス・シャッフルをするときに私たちがしているような何気ない態度でカードを取り扱い、集め方が乱雑に見えるようにする事で、カードを集めて揃える部分を強みに変える事が本当に出来るのです。どうすれば良いか、ちょっと考えてみてください。

　最初の例の状況を見直してみて、こう試してみましょう。名前を言われたカードをテーブルに置いたままにします。これはまだ観客に見せていません。あなたの前にある表向きにしたカードを数えていったカードの山を取り上げ、これを下半分の上にポンと投げます。しかし、観客が指定したカードを戻す場所が自分で分かるように、ジョグされたカードはそのままにしておきます。カットした所のカード（ロケーターカード）を取り上げ、これを使ってデックの上半分をすくい取ります。このカードの山をデックの下半分の上に落とします。観客が指定したカードを戻す場所にブレークを保持しつつフォールス・シャッフルを行います。さあ、ここで選ばれたカードを観客に示します。最後にこのカードをデックに保持していた場所に差し込み、観客にデックの中央にハッキリと差し込んだ事が見えるようにします。このカードの集め方はあなたがフォールス・シャッフルを行うときに使っている同じ平然とした態度で行います——あなたはほとんど注意を払わず、何かを話しています。カードの集め方になんの法則性も無いという幻覚をどう強めているかお分かりになりますか？

　同じルールをパケットやそれどころか1枚のカードをデックに戻すときにも当てはめます。もしデックを表向きに広げて、カードを必要な場所に差し込んだら、1、2回なら何気ない動作に見えるかもしれません。他の操作のように、

もし複数回これを繰り返したら、その動作は観客に疑念を植え付けます。様々なフォールス・シャッフルがお互いの弱点を消し去るように、目的があるようには見えない1枚もしくは複数枚のカードを元に戻す様々な方法を開発しておいた方が良いでしょう。次にお話しするいくつかの方法を試してみてください。

　カードが元の位置に戻るデックの中央付近にブレークを保持します。そして、そのブレークにカードを差し込みます。
　ティルトの技法を使って、1～2回デックの"どこかに"カードを差し込みます。
　もしカードをデックのトップに戻す必要があるとき、デックをカットする所から始めて、カードをカットした部分に戻します。そして、残りのカードをその上に投げ、フォールス・シャッフルに続けます。片手で行うシャーリエ・カットを行って、2つに分かれたカードの間に投げ入れながら行うと、大変効果的です。

　時々、広げたデックの適当な場所に観客自身でカードを戻させるのも好きです。私はそのカードをカルして、元の場所に移します。
　実際の操作は限りなくありますが、本旨としては、カードをデックの中に戻す時、あらかじめ考えていたかのように見える事は避けるという事です。カードはどこにでも適当に戻されて、あなたはどこにカードが返されようがまったく気にしていません。

全体像
　演技中の細かい一挙一動すべてを通して、観客に不思議さ全体を見せていきます。その方法の1つとして、カードを扱っている間、一組のカードを本当に自由に扱っており、順序などめちゃくちゃになっているように思わせるのです。ただし、演技中と、演技と演技の間にあなたがたまたま行うカードの扱いからカードが順番に並んでいるという何気ないヒントを与えてしまうかもしれません。この場合、ある種の細かなカードの扱いはフォールス・シャッフルの効果を弱める働きをし、鋭い観客にスタック・デックを使っていると思わせてしまいかねません。別の方法として、不思議という全体の印象をより強固にするために、こうした細かい瞬間に観客をしっかりコントロールしたり、特殊なカードの扱いをしていないようにわざと見せる事でカードの並びがバラバラである錯覚を生むことも出来ます。どちらの方法を選ぶかは、あなたにお任せします。

高度なカオス

　一度、イギリスのテレビで奇妙な科学の実験を見た事がありました。2つの透明な筒を入れ子にしてありました。そのすき間にはグリセリンを満たしていて、そのグリセリンの中に注射器を使って黒いインクを一滴落とします。内側の筒を回転させる事で、インクのしずくが完全に拡散するまでその中に蔓延させていきます。もう透明な液体の中に変色している部分は見当たりません。驚くべき事に、内側の筒を反対方向に回転さしていくと、拡散していたインクがゆっくりと元のグリセリンの中に落とされた黒いしずくへと再構築されていくのです。拡散されたインクのしずくはまだそこに存在しているのですが、潜在的にその空間に広がっているのです。これは物理学におけるデビッド・ボームの"内蔵秩序－暗在系"と"顕前秩序－明在系"という考え方を見える形にしたものです。ここでこの事を言及したのは、以下でお話しする方法のモデルとしてより良いからです（そして、この章のサブタイトルで私が"implicit"と綴りを間違えたと思った方にこの事もお伝えしたかったのです）(注2)。

　次にお話しする方法は、カードが順番に並んでいるという考え方を観客の頭から完全に取り除くでしょう。なぜなら、カードの並び順を本当にめちゃくちゃにするからです。先ほど書いた実験でのインクのしずくのように、カードの順はいつでも"再構築"出来ます。考えられる現象のいくつかををご提案しますが、これからの解説で注目して頂きたい点は、その手順そのものです。これがこれこそが、私がメモライズド・デックを使って行っている「デックの状況をグチャグチャに引っ掻き回す行為」の多くを占めています

　ここでもカードマジックの上級者の知識がある程度お持ちであると仮定して話しを進めます。または、参考資料をお教えします――そうすれば他の人が発表した作品に関する技術的な議論を避ける事が出来ますから。いいですか？ 賢い人たちを煙に巻く準備は出来ましたか？

観客がシャッフルをする

　"かみ合ったカードの列（interlocking chain）"の原理は古く、少なくとも1913年の9月まで遡ります。スタンヨンの『マジック』誌の中でC.O.ウイリアムズが行った議論が掲載されています（100頁、アイテム14を参照ください）。私はチャールズ・ジョーダンの『サーティー・カード・ミステリーズ』（1919年）の中で初めて見かけました。考え方は単純です。もし2つのカードの山を

一度だけリフル・シャッフルして1つにまとめても、単純にお互いのカードの山が組合わさっている（かみ合っている）だけで、それぞれの山についてそのカードの並び順はそのままなのです。

　問題なく、この状況は元通りにする事が出来ます。観客にスタック・デックをリフル・シャッフルしてもらいたくて、このアイデアを考えました。その後、観客に疑われずにスタック・デックを正しい順に戻す事が出来ます。

　思いついて間もない頃にある事を試しました。表向きのデックからカードを配って2つの山を作っていきますが、この過程で元の2つのカードの列に戻していきます。この操作を正当化出来るしっかりとした演出的な策がある限り、これ自体何も悪い事はありません。私はこの方法から上手い事同じ操作が出来るカルを使うようにしました（このアイデアは、デックの並び順を逆順にして使うとより良くなります。2～3の現象を演じて、そして、観客にデックをリフル・シャッフルしてもらいます。カードを表向きにしてざっと目を通しながら、かみ合った2つのカードの並びに対してレナート・グリーンのアングル―セパレーション・カルを行います（彼のビデオ『グリーン・マジック』第1巻1997年、『ロベルト・ジョビーのカードカレッジ4』（壽里竜訳、東京堂出版刊、1994、2000、2007年）123頁、ホァン・タマリッツの『ムネモニカ』（ハーメティック・プレス社刊、2000、2004年）361頁を参照してください）。分離させたカードを引き抜くと、あなたのデックは完全にメモライズド・デックの順に戻っています）。

　実用的な目的や私の趣味からするとこれらの操作はちょっと一仕事で柔軟性に欠けました。そして、かみ合った2つのカードの列を分離させるためにスロップ・シャッフルを使うアイデアに行き着きました。これは美しく機能して、他の現象の中にカードの並び順を直す作業を隠します。指摘しておかなければならないのですが、多くのマジシャンによってこの原理は発表されていましたので、この路線で考案された作品を発表していたマルロー、ジェニングス、エルムズレイ、そしてタマリッツには脱帽せざるを得ません。ここでは2つの改案をご提供しようと思います。

裏向きにスロップ

　この最初の応用は、もっとも柔軟性の富んで、またもっとも単純です。セッションのある時点で、スタック・デックの上半分をカットして、観客に2つの

パイルをリフル・シャッフルさせて1つにまとめます。シャッフルが終わった後のボトム・カードを素早く覚え、この新しいカードの並び順を崩さないように他の現象とフォールス・シャッフルを行います。デックをカットさせても構いません^(注3)。

　デックを元のメモライズド・デックの順に戻す準備が出来たら、キーカード（さっき覚えたカード）でデックをカットし、そのカードをデックのボトムへ移してからデックを表向きにします。そして、シド・ロレインが考案した古典的な表向き、裏向きのスロップ・シャッフルを行います——が、1つ違いがあります。片方のカードの列（デックの上半分）は手のひらを上に向けた手で取ります。そして、もう一方のカードの列（デックの下半分）は手のひらを下に向けた手で取ります。すべてのカードは、すでに受け取ったカードの下に取っていきます。そうしたら、カードを受け取った手を単純に返して、元の手でデックを受け取ります。こうしたら、元の上半分はその上半分に、元の下半分はその下半分にあるのですが、2つのパケットが表同士くっついている状態になっています。観客はデックを表と裏に混ぜたと信じています。ハーフ・パスなどのテクニックを使って全体のデックを覚えたカード順に戻します。

めちゃくちゃにスロップ

　これは基本的に同じテクニックなのですが、良くシャッフルされたデックの状態を否応無く観客自身の目で確認させる事が可能です。スタックは1から52までの順で並んでおり、観客にデックを大体半分の所からカットしてもらい、片方のパケットを表向きにしてもらいます。そして、観客にこの2つのパケットをリフル・シャッフルしてもらいます。デックをテーブル上に大きく広げて、デックが明らかに（そして本当に）カードが表裏バラバラに混ざっている様子を示します。ここで追加のシャッフルとして、レナート・グリーンのテーブル・スプレッド・シャッフル（上記ビデオの『グリーン・マジック』第1巻を再びご覧下さい）をデックが表裏バラバラの状態で彼が解説しているとおり正確に行います。このシャッフルは元々メチャクチャにカードを混ぜているように見えますので、表裏バラバラに混ぜたカードで行う事でさらにメチャクチャさが増幅され、お手上げなくらいデックを混ぜ込んだように見えます。この後にカードの並び順を検討しようとする人なんて誰もいません。

　あなたがスタックを元通りにする準備が出来たら、単にスロップ・シャッフ

ルを使って表向きのカードと裏向きのカードを元に戻します。上記に解説したように、すべての表向きのカードを手のひらを下に向けて受け取り、すべての裏向きのカードを手のひらを上に向けて受け取ります。観客がこの動作に気がついても、これはこの後さらにカードを混ぜるように見えます。こうし終えたら、デックを元の順に戻すには1回カットすれば良いだけです。

　お話ししたように、この操作を使って私が実際に演じている現象を解説して議論しようとは思っていません。しかし、このシャッフルの操作によってあなたは滅多にない有利な状況にいる事になりますので、いくつかのヒントをお教えして、演技の中でこれを実地で使う可能な方法に付いて一緒に考えてみましょう。

　2つの噛み合わさったカードの列は表裏バラバラになるシャッフルをした後もまだその並び順のままですから、最初の裏向きになっているカードからそのデック半分に属するどの裏向きのカードまでも素早く数える事が出来ます。例えばデックの下半分を表向き、デックの上半分を裏向きにしてリフル・シャッフルをしたとしましょう。こうして混ぜたデックを持って広げてみます。最初の裏向きになっているカードはスタックの1番目のカードです。もし広げたカードをひっくり返しても同じ事が言えます。その場合は裏向きになったデックの下半分の最初から順番を数えていく事が出来ます。これはデックを表裏バラバラの状態のデックのまま、観客にカードを指定させて、そのカードの数字だけカードを配ったり、そのカードの名前を綴ったりしてカードを当てる事がいろいろ出来ます。

　重ねて、たとえ上半分のカードが裏向きでも、カードの枚数を数える事でその中の1枚1枚のカードが何か分かります。いつもあなたがスタック・デックを使ってジャジングを演じているように、こうした状態のデックを使って凄いマジックを演じられるチャンスを伺ってください。ひょっとしたら、2枚の黒い9が表同士向き合っているかもしれません。もしかしたら、言われたカードが裏向きになっていて、表向きの3から3枚隣にあるかもしれません。事によると、すばやくフォーカードを見つける事が出来るかもしれません。覚えておいて頂きたいのは、これは本質的にはスタック・デックを使って行う"ジャジング"と同じです。しかし、観客が行ったシャッフルとカードが表裏メチャクチャになった状況のおかげで、より不思議さを加える事が出来たのです。

私がよく使っているアイデアは、表裏混ざった状態で広げられたカードの中にある表向きのカードをどれか1枚心の中に誰かに思ってもらいます。デック全体をひっくり返し、再びテーブルの上に広げ、また別の誰かに表向きのカードの中から1枚を心に思ってもらいます。ここで、グリーンのテーブル・スプレッド・シャッフルを行います。カードは完全にどこにあるか分からない状態になったように見えます。この酷い状況からスロップ・シャッフルを行った後、（スタックが元通りになっているので）目算で2枚のカードが大体どこにあるか高確率で分かります。そこからカード当てに進む事が出来ます。

　いつものように出来る限りもっとも強力な現象を作りたいのでしょうが、しかしここで重要なのは現象ではありません。観客の一人がデックをシャッフルしているので、デック全体が秘密の順に仕込まれているなんて有り得ないと誰もが納得してしまう事なのです。

内蔵秩序
　数頁前に私がお話ししたインクのしずくを使った実験を覚えていますか？この次の操作は本質的に同じで、これをカードを使って行うのです。現象の中で、私はゆっくりとデックからカードを配っていき2つの山を作りながら、2人の観客にそれぞれ1枚ずつカードを心に思ってもらいます。ただそれだけです。私はカードを集めて先に進めます。私の潜在的な真意は、カードが冗談抜きに混ぜられたと結論づけるように見せつけるという事です。そして、私は2枚の心に思ったカードを当てて、スタックを維持したまま演技を続けていけます。

　これはここで解説した考え方の中でももっとも混乱する考え方です。これはタマリッツの"アンチ・ファロー"の研究が根本にあります（もし難しければ、素晴らしい議論が彼の著作『ホァン・タマリッツ　カードマジック』（ホァン・タマリッツ著、角矢幸繁訳、東京堂出版刊、2013年）の中でされていますし、さらなる議論が上記『ムネモニカ』の中でもされています）。これは複雑なので、カードを手に取りながら今からの説明を読み進めたほうが良いかもしれません。

　このためにセットをしますが、演技の中で堂々としなければなりません。事実、何気なく行う事で、さらにカードを混ぜたように見せられます。あなたが使っているスタック・デックのトップにある12枚をカットして取り、これを

残ったカードの中央にファロー・シャッフルします。トップにある8～10枚のカードをカットしてボトムへと移します。これで始める準備が出来ました。

　左側にいる人に向かって、彼の前に裏向きのデックの一番上から1枚ずつ表向きにカードを配っていきます。ゆっくりと配っていくので、このカードの山にあるカードのうち1枚を心に思って下さいと説明します。あなたが使っているスタック・デックの1枚目のカードが出てくるまで表向きにカードを配り続けます。このカードが出てきたら、すぐにこのカードを山の右側に配って止めます。右側にいる人に今から配っていく新しいカードの山の中にあるカードのどれか1枚を心に思ってもらうようにお願いします。これから、観客たちがカードを見ながらどれか1枚のカードを心に思っている間、カードを交互に配っていきます。このカードを交互に配る間に何が起こっているかというと、ファロー・シャッフルをした部分を元に戻していくのです。

　ファロー・シャッフルをするために12枚のカードをカットしてとりましたので、右側のカードの山の最後のカードがスタック・デックの12枚目のカードである事がわかります。このカードを配ったら、左側のカードの山にさらに3～4枚のカードを続けて配ります。最初は1つの山に、続けて交互にカードを配るように変え、最後に数枚のカードを順番に配って終わりましたので、カードが本当によく混ぜられたという圧倒的な証拠となります。

　手元に残っているカードを表向きにして、両手の間に広げてここまでの操作を終えます。スタックの52枚目のカードの部分から広げたカードを分け、分け目から上にあるカードを左側の山の上に載せます。残りのカードを右側の山の上に落とします。左側の山を右側の山の上に載せ、デック全体を裏向きにします。スタックは今、完璧な1から52までの順に戻っています。

　ここで2枚の心に思っているカードを当てなければなりません、しかし、あなたはすでにそれらのカードについて多くの情報を得ています。右側にいる観客の心に思っているカードは、あなたのスタックの1～12枚目のカードのうちのどれかです。また、カードを配りながらそのカードを見ていますから、左側にいる観客が心に思っているカードのおおよその範囲も分かっています。これらの充分すぎる情報を組み合わせれば、強烈なカード当てを2回行えるはずです。

ミルキング・アロンソン

　私の解説の中でスタックの枚数目について書く事を避けようとしました。ここまで解説してきた作品については、特定のスタック・デックを使わなくても良いようにしたからです。それらの原理や操作はどんなスタックを使っても出来ます。次の作品は違います。私はアロンソン・スタックを使っていますが、もしあなたがこれを使っていなければ、あなたの使っているスタックにこの原理をすり合わせる必要があります。あまり簡単な事ではないかもしれませんけどね。

　4枚のエースを使った手順を私は沢山覚え、好んで演じています。スタック・デックから抜き出した数枚のカードを使ってパケット・トリックなどのマジックを演じて、それを元に戻すという良いアイデアがあります。特定のカードを抜き出して、それを"乱雑に"元に戻せば（今まで話してきた私たちの"ルール"を思い出してください）、デックのカードが順番に並んでいるという事実をさらに目立たなく出来ます。もし観客がパケットを扱い、混ぜれば、特にそうなります。

　4枚のエースを（または、デックの中に広く離れているどんなカードでもですが）デックの中に戻す時、問題が発生します。なぜなら、目で見るか、カードを数えるかして、それぞれのカードを戻すべき場所を探さなければなりません。カードを表向きに広げて、カードをそれぞれの位置に戻す事で逃げ切る事も出来ますが、本当に上手い役者であっても、時にはその位置を計算している事を観客に悟られてしまうかもしれません。カードを裏向きにして広げ、必要な場所までカードを数え、その部分で広げたカードを分け、それぞれのエースを取り上げ、必要な場所に返した方がまだマシです。この方法についての私の問題は、カードから目を外し、何かについて話しながらこれを行うのは大変だという事です。これはあらかじめ計画していたように見えがちですし、ジッと観察しているように見えます。これは私たちが避けるようにしないといけない正にその事です。エースを元に戻すときに乱雑に行っているように見えるような方法を見つけたいと思っていました。

　私の最初の解決法は、スタック・デックの中にある、それぞれのエースの真下にあるカードの裏面に印を付けておく事でした。デックを裏向きにしてファンに広げ、何も考えずにその場所にエースを差し込む事が出来ました。これは大変良い解決法でしたが、私はたったその目的のためだけにカードに印をつけ

ておくなんて我慢できませんでした（こうした印付きのカードを使ったいくつかの作品を考えましたが、この議論に付いては次の機会に回します）。

　この目的を果たす、より根本的な解決について考え始め、もっとも明快な答えを思いつきました——スタックを使えば良いのです！　目分量で必要な枚数のカードをカットして、その表を覗き見てカードの位置を確認して、エースを元あった場所に返して最終的にデックの順番を元通りに直して何が悪いのでしょうか？　この操作は簡単で、行えます。なぜなら、あなたはそれぞれのエースの間に何枚のカードがあるかも分かっているからです。サイモン・アロンソンのスタックを使うなら、こういう風に見えるかもしれません。

　5枚のカードをカットして取り、確認してからそこにスペードのエースを戻します。数枚のカードを広げて、上から10枚目にクラブのエースを差し込みます。フォールス・シャッフルを行います。17枚のカードを数えていって、ダイヤのエースを取り上げて戻します。カードをドリブルして、目分量で21枚のカードをカットして取り、残ったハートのエースをそこに戻して、これで元の状態に戻りました。

　この種のハンドリングは、ベテランたちの間では一般的です。様々なバリエーションを考える事が重要になります。なぜなら、どんなカードでもひそかに元の場所に戻す場合はこの考え方を当てはめなければならないからです。加えて、演技中にこのような操作をこっそりと行う事は簡単で、上手く行えます。デックを表向きに広げて、カードをその場所に差し込んでいくより遥かに優れています。あなたはカードの表を一切見ていないので、観客の疑念をすっかり取り去ります。

　ここで議論したい事は、"ミルクビュルド"と呼ばれるギャンブラーの技法を使って4枚のエースを実際にシャッフルしながら元の位置に戻す、より良い解決法についてです。これは今までお話ししてきた事の集大成です——カードの戻し方、カードを乱雑にする方法、フォールス・シャッフル、スタックを元に戻す方法の使い方をすべて統合しているからです。まずカードを操作する過程で、デックの大部分の並び順を逆順になってしまうので、後ですべてのカードの並び順を元通りにする"怠け者のためのカードマジック"の素敵な改案をお教えします。この構成は大変強力ですが、特筆すべき点は、カードが順番に

並んでいるという考えを完全に破壊する点でしょう（私がアロンソン・スタックを使っている事を思い出してください。すべてのエースはデックの上半分にセットされています。この特徴を持っていないスタック・デックを使いますと、この操作は退屈なものになってしまいます）。

前の手順から、4枚のエースをデックから抜き出してテーブルに置きます。そして、残りのスタックは正しい順に並んでいます。エースを何気なく取り上げ、一番枚数目の若いエース（アロンソン・スタックですと、6枚目にあるスペードのエース）がパケットのボトムにあり、ボトムからトップへ向けて枚数目が増えていくように並んでいる事を確認します。この4枚のエースを裏向きにして裏向きのデックのトップに落とし、ちょっとデックよりもはみ出すようにし、あなたが出来る最良のフォールス・シャッフルを行います。最後に4枚のエースをトップからボトムへ移してシャッフルの部分を終えます（デックのボトムからスペードのエース―クラブのエース―ダイヤのエース―ハートのエースの順です）。

デックの並び順を崩さない現象を演じます。これは先ほどエースを取り上げてから次のシャッフルの部分までを"分断"するためです。現象が終わったら、エースはまだデックのボトムにあり、残りのデックは1から52までの順に並んでいます。

オーバーハンド・シャッフルを始めますが、1枚ずつカードを左手に切り下ろしていき、その枚数を頭の中で数えていきます。5枚目のカード（最初のエースの枚数目から1を引いた枚数）の後、左手の指先と親指でデックのトップカードとボトムカードを右手に持っているカードから一緒に引き取り、左手に持っているカードの上にのせます（図1）。間をおかず、9枚目まで1枚ずつカードを切り下ろしていき、次に再びトップとボトムのカードを一緒に引き取ります。再び間を置かず、17枚目までカードを切り下ろし、さらにトップとボトムの2枚を一緒に引き取ります。さらに2枚のカードをランして（これで21枚まで数えた事になります）、4回目のトップとボトムを一緒に左手に引き取ります。最後に右手に持っている残りのカードを左手に持っているカードの上にのせ、シャッフルを終えます。

明らかに、この1枚ずつカードを切っていく長いシャッフルは観客を納得させ

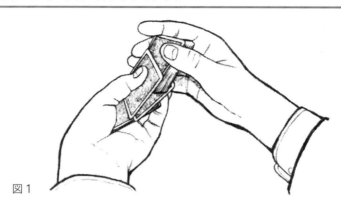

図1

ません。スムーズに、リズムに合わせてゆったり行っていれば、このシャッフルの見た目はかなり良く見えます。しかし、何気ない、本当のシャッフルのようには見えないでしょう。ですから、この後に見た目やスタイルがまったく違うフォールス・シャッフルとフォールス・カットを行う事を強くオススメします。

ここで何をしたかって？　エースをデックの元の位置に戻して、スタックは順番どおりになっています——大体ね。スタック・デックのトップから23枚のカードはデックのボトムから並びが逆順になっています。これらのカードの順を元に戻すには多くの方法があります。もっとも簡単（で、もっとも拙い）方法は、2回目のオーバーハンド・シャッフルを行うのです。しかし、これよりもっとより良い方法があります。これらのカードは逆順になっていますので、演技の過程でカードを表向きにする事無くカードを数えたり、文字を綴りながら行うカード当てが出来ます。一度に全部のカードを元通りに直さず、逆順になっているカードの一部だけを元に戻して、残りは後で元に戻したほうが良いかもしれません。カードの順を乱さないいくつかの現象を確実に演じる事も出来ます。

逆順になったカードを利用する方法があるかどうか不思議に思いました。パケットの順を元通りに返しながら行う良い現象を考案する事が出来るのでしょうか？　そこで、私はこの単純な"怠け者のカードマジック"（古典的なジャック・ミラーの現象です）とこのアイデアを組み合わせてみました。これは大変良いトリックであるだけでなく、2つの機能があります。操作はオープンに行う事が出来ますし、観客が知らないうちにほとんどの（時にはすべての）カードの順を元通りにしてくれます。

怠け者の戻し方

(おっと、"アロンソン・スタックではない種類"のメモライズド・デックを使っているあなた、これはどんなスタックでも上手くいきます。あなたのデックのトップにある23枚のカードを逆順にしてデックのボトムに移します。すると、1枚目のカードはデックのボトムにあり、24枚目はデックのトップにあります)

　一歩下がって、次の実演ではカードに触らないと宣言します。観客にデックのトップから少ない枚数のカードをカットしてテーブルの上に置いてもらいます。残ったデックの一番上にあるカードを見て、他の観客にもこのカードを見せもらいます。選ばれたカードをさっきカットして取った小さなカードの山の上に載せ、さらに残りのデックをその上に載せてしまいます。最後に観客にデックを1回カットしてからそれを揃えてもらい、選ばれたカードをデックの中に混ぜ込んでしまいます。

　ここで、近くにいる何人かに数回デックをカットしてもらいます。繰り返しますが、これは単純なデックの上下を入れ替えるだけのカットです。カードは本当にどこかにまぎれてしまい、あなたはカードに手を触れていません。誰かにデックを表向きにしてもらいます。今表向きにしたデックの一番上にあるカードがあなたの使っているスタック・デックの1から23枚目のカードではなかったら、そのうちの1枚が出てくるまで再びカットしてもらいます。あなたが使っているスタック・デックのトップからから23枚のカードのうち1枚が出てきたら、その枚数目が選ばれたカードが裏向きにしたデックのトップから正確に何枚目か教えてくれます。それが、もし21枚目のカードだったら、選ばれたカードは裏向きにしたデックのトップから21枚目にあります。

　その枚数目の数字を覚えて、デックを裏向きにします。観客にデックを仰々しく揃えてもらいます。そして、あなたの演出に合わせて、続けて選ばれたカードの位置を公表します。最初の観客にデックを取り上げてもらい、あなたが言った数字までカードを配りながら数えていってもらい、彼女自身が選んだカードがそこにある事を示してもらいます。

　彼女はカードをひっくり返さず、裏向きに配っている事に注意してください。これこそあなたがして欲しい事なのです。何故ならこの操作の裏に流れるメッセージは、カードの順が本当に変わっていますよ、という事なのです。しかし、カードの順が変わる事で、観客が単に数えているカードが元のカードの

順に戻っているのです。彼女の手にあるほとんどのカードは順番通りになっています。選ばれたカードはテーブルの上に分けて置きます。あと、残っているのは観客が数えていない逆順になったカードの順を直す事です。これらのカードは彼女の手にあるカードのボトムにあります。

直さなければならないカードの枚数は演技によって異なり、演技中に表向きになったデックをカットして一番上に現れたカードによって変化します。もしこのカードの枚数目が小さければ、デックのボトムには多くのカードが残っています。もしこのカードの枚数目が大きければ、デックのボトムには逆順になっているカードが少ししか残っていません（もし私のように使っているスタック・デックのボトムにある52枚目のカードにクリンプをつけていたなら、これは良く起こるのですが）。最高なパターンは演技中に観客が52枚目のカードでデックをカットして、それがボトムカードになったときです。これは選ばれたカードがトップから24枚目にある事を意味していて、彼女がカードをすべて配り終えると、彼女がすべてを元通りにしてくれています。

あなた自身がしなくてはならない細かい作業が残っている事の方がより多いでしょう。観客の手から残りのカードを取り上げて、すぐに52枚目のカードがデックのボトムに出てくるまで、デックのボトムにあるカードを1枚ずつシャッフルしてトップに移していきます。これらのカードはこれで元の順になりました。

あと残っているのは、数えたカードの山を手の上にあるカードの上に重ね、それからデックをちょっとフォールス・シャッフルして、選ばれたカードを元の場所に戻す事です。計算したように見せないでどうやるかこれでお分かりになったと思います。

これで、デックは元の並び順に戻りました。

最後に

メモライズド・デックは強烈なマジックを作り上げるための強力な道具です。デックの裏に隠された構造を隠したり、分かりにくくするためならば、どんな努力でもする価値があります。何故ならカードの並び順という思いつきを観客が考え始めてしまったら、マジックの幻想（と感動）は瞬時に消滅してしまうからです。あなたがカードを操る間はずっと、カードの並び順が無作為である

という幻想は加わりもするし、無くなったりもするという事をただ肝に命じておいてください。もし、カードが絶えず混ざっていると観客たちを納得させる事に成功したら、あなたが演じたメモライズド・デックを使った奇跡の数々について、彼らは何の説明も出来ないでしょう。観客たちは"これは魔法だ"と結論づけなければならないのです。

注1： 52枚のカードをあらかじめ特定の順で積み込み、その配列をすべて記憶することですべてのカードをコントロール出来るようになったデックの事。後述のアロンソン・スタックについても、このウェブサイトが詳しい（英語）http://magicians.simonaronson.com/　配布されている資料参照。
注2： この層流（Kaminar Flow）の実験に関しては、https://www.youtube.com/watch?v=p08_KITKP50を参照。
注3： スロップ・シャッフルについては、『マーチン・ガードナー　マジックの全て』（マーチン・ガードナー著、壽里竜訳、東京堂出版刊、1993年）30頁を参照。

ジャズの楽譜とお気に入りのフレーズ

Jazz Chart & Favorite Licks

ジャズの楽譜とお気に入りのフレーズ
Jazz Chart & Favorite Licks

説明できないトリック

　ここでお話ししようと思っている事は、ちょっと支離滅裂に思えるかもしれません。何故なら、技術と私が説明しようとしてる現象はほとんど関係がないからです。そして、それよりも暗に示す事しか出来ない考え方を使った創造的な方法の方がより大事なのです。"説明出来ないトリック"(『ダイ・ヴァーノンズ・モア・インナー・シークレッツ・オブ・カードマジック』ルイス・ギャンスン著、ハリー・スタンレー刊、1960年。76頁)の経験を積んだ演者のための高度な方法なのです。

　まだエキヴォック(注1)を使うカードマジックをスムーズに演じられない方のために言いますと、エキヴォック("説明出来ないトリック")が持つ本来の趣旨は、その状況下で起こった事すべてを最大限に利用して即席に現象を紡ぎ出す事とその方法の事を言うのです。これは疑いようもなく、ストレートに理解出来ない方法ですので、こうしたいろいろな線に沿って単純に正確な手順を示す事は好ましくないのです。これは私たちがその方法を知らなかったり準備していないのではなく、私たちが利用出来るかもしれないどんな状況が演技中に出現するか前もって知る事が出来ないからなのです。もし、あなたが唯一覚えている方法に固執していたら、ストレートではない方法でしか実現不可能な、より強力な現象の数々を観客に見せるチャンスを逃してしまう事になってしまうでしょう。そのために、以下での解説はしなければならない事を正確に話しているというよりも、エキヴォックについてどう考えるべきか暗に示すだけだったり、話があちこちに跳んで繋がっていないように見えるかもしれません。"説明出来ないトリック"に取り組むとき、これから正確に何をしようとしているのか、あなたは決して分かりません。観客の決断によってカードの変わりゆく状況に合わせながら、現象と方法がリアルタイムに展開していくのです。

　カードを使ったエキヴォックについて書いた私が知っている限りすべての著

者は、1つの現象のためのある種のエンディングへと必然的に導く数々の段階に分解しようとしていました。実際のやり方は、普通いくつかの可能な中継点を通過します。どこを通過するかは演者がその日どれだけラッキーだったかによるのです。もしその日が演者にとってラッキーな日ではなくても、所定の進行によりまあまあ悪くない結末へとたどり着く事が出来ます。なので、エキヴォックは独立したマジックを演じる時に使われる（変化しやすい結末をもつ）公式に単純化されるのです。初心者にはこれで良いでしょう。しかし、究極的に言えばもっとも効果的な方法ではありません。何故なら、起こったすべての状況へ進行を合わせていかなければならないのです。エキヴォックは公式へと単純化してはいけないのです。何故なら、これは特定のテクニックを集めたものではないからです。これはパターンを認識し、利用出来る事を素早く分析し、あなたが身につけているべき技術をすべて取り出し、そして、あなたが今思いついた現象が正にあなたがずっと見せたいと思っていたかのように自信を持ってマジックを演じるための制限がまったくない、構造的な方法なのです。独立した現象のための独立した方法であるように考えるのは間違いなのです。この方法の専門知識は、四六時中それを扱う中に存在しています。これは"方法"という度合いはより少なくなり、永遠にマジックについて考える態度や方法という度合いが多くならないといけないのです。曖昧な誘導を使う、または状況に応じた現象の可能性は、ずっと私の頭の中の奥底に潜んでいるのです。

エキヴォックの技術とは何なのでしょう？　実際のテクニックとは何なのでしょう？　これは唯一無二の技術なのです。何故なら、それはもともと心理的なものだからです。あなたは新たに出現した状況のパターンを認識して、どうしたらこのパターンを魔法のような現象に変える事が出来るか理解する事を学びます。これは"この瞬間"に起こっている"様々な出来事"に一切油断せず、注意を払う事が重要なのです。そして、その状況から引き出せる、またはそう出来るかもしれない独創的なマジックを信じるのです。

これは、無意識な状態でも"演奏する"ために演奏者の才能と知識を総動員するジャズの音楽と似ています。演奏中のそこかしこで本当にユニークな曲を作り上げるのです。なぜこのジャズの即興演奏について考えるかというと、もしあなたの目的が今まで演じられた事が決して無い、忘れられないような奇跡を表現する事ならば、絶対にそうしたくなるのではないでしょうか？　この絶対魔法にしか思えないような演技は、この重要な状況、今この場にいらっしゃ

る環境、そして、この特別な人たち——そう、このように二度と集まる事は決してない人たちによって即興で生まれるのです。

　これこそエキヴォック、または"説明出来ないトリック"が持つ威力であり魅力なのです。これはパズルのように決して解く事は出来ません。なぜなら、熟達した演者でもその現象が明らかになるまでどんな現象になるのか、どんな方法を使うか分からないからです。演者は観客と同時に現象を見つけるのです。ジャズの類似点に話しを戻しますと、これは最高レベルでの即興演奏なのです。そう考えると、私たちに必要なものはチャートだと私は思います。

　ジャズの専門用語でチャートと言うと、楽譜の事になります。しかし、ジャズでは、演者のために正確な音符をすべて書き出さず、単にコードの構成とリズムやスタイルに関する考えが書いてあるだけです。この方法で、曲はおしまいまで構成され作られます。しかし、演者は自由に自分自身を表現したり、彼らが気に入るようにスイング（または料理）する事も可能です。

　"リック"とは短い音楽のフレーズの事で、いつでも演奏者が演奏の中に挿入出来ます。すべての音楽家はいろんな機会に使える、好きなリックや音楽のフレーズを沢山持っています。エキヴォックの演技の中に挿入する事が出来る、まったく違った方法を使った、でも見た目や匂いが似ている現象をいくつか覚えている事は大変助けになると分かりました。より重要なのは、それらの現象によって、さらなる可能性を準備したり、今後の現象を準備したりするチャンスが生まれるのです。

　そこで、ここでは私好みのフレーズのいくつかと"説明出来ないトリック"を肉付けするために構成の骨格（楽譜）についてお話ししようと思います。先ほど、このマジックをあらかじめ覚えておく事は出来ないし、そうするべきではないし、演技の中でもそう出来ないって言った事、もちろん覚えています。ここで提案する構成は、単にここで説明をするためだけのものです。覚えておいて頂きたいのは、ここでお話しするすべてのフレーズは、無限に存在する現象と組み合わせる事が出来ます。ただ、どのようにしても誰もが目指すべきジャズのような流動性や柔軟性を文章に書いて伝える事は難しいのです。私がどうやって様々な可能性を見ているか、そして、決め打ちしたような予定調和を如何に避けるかをお伝えする中で、ちょっととりとめも無い話しをしているように思われるかもしれません。しかし、私はそれが望ましいと思います。何故なら、これは"方法"ではないからです。これは完全にあなた自身の創意工夫と想像力にかかっているのです。

個人的な注：この分野における私の研究は、ユージン・バーガー、マイケル・ウェーバー、ホァン・タマリッツ、そしてマックス・メイヴェン(注2)たちに大変お世話になり、感謝しなければなりません——こうした名人たちの手にかかるとこの方法がどれだけ完璧な魔法に見えるかを実演して見せて下さった方々です。これらの考え方を初めて有名にしたのがダイ・ヴァーノンでした。"プロフェッサー"から私たちへのまた別の贈り物なのです。私たちはみんな、彼に時々黙祷を捧げる義務があります。後で忘れずにするように。

技術的な注：読者の皆さまは、"説明出来ないトリック"の一般的な理論とテクニックに詳しいと仮定して話しを進めます。以下に解説する事を理解するためには必須です。

先制攻撃

　最初に私の方法について違う事は、私はただ一組のデックを使う代わりに、可能ならいつも2つのデックを使う事を好みます。カードをシャッフルしながら、使えるパターンを見つけられる公算が本当に増えます。それぞれ個別のデックの中にあるパターンを探す事が出来ますし、両方のデックに共通するパターンも探す事が出来ます。2つのデックを使う事は注意を分散させ、あなたがピークしたり、スチールしたり、カードを仕込んだり、またはひそかに何らかの技法を行う良い機会を与えてくれます。
　さあ、始めましょう。

　もし可能でしたら、赤裏のデックと青裏のデックを借ります。両方のケースからそれぞれのデックを取り出しながら、普通にピークして、片方のデックのボトム・カードをケースの中にひそかに残します。両方のケースを脇にどけますが、カードを仕込んだケースはもう一方のケースの下になるように重ねます。こうする事で、どっちのデックからカードを仕込んだか覚えておく必要がなくなります。もし忘れても、チラリと見たら思い出します。これは考えて一歩先にプランを決めておく最初の例になります。なぜなら、私がケースに残したカードは私が準備出来たときにクライマックスの1つになってくれるからです。

　このカードが何かをずっと覚えておきます。なので、セッションの途中でこのカードの名前が呼ばれたり、他のデックから選ばれたら、利用する準備が出来ています。ここでの例として、赤裏のクラブの5をケースに残している事に

しましょう。

　両方のデックを観客と私でシャッフルし、この過程で赤裏デックのトップとボトムを覗き見します。デックを表向きに持って、オーバーハンド・シャッフルを手早くしながら私は行っています。これらが私の最初の"目標のカード"になります。観客が青裏デックをシャッフルしている間に、赤裏デックを裏向きにしてテーブルに置きます。最後に青裏のデックを表向きにしてテーブルに置きます。誰にも気付かれずに、私たちはすでに可能な現象を探し始めています。3枚の可能性のある赤裏のカード（デックのトップカードとボトムカードとケースの中のカード）のうちの1枚が青裏デックの一番上にあるカードと一緒ですか？　これこそ私たちがいつも狙っている状況です。こうなっていたらすぐに奇跡を示す事が出来るからです。重要なのは、これが起こると期待しない事です。ただ、いつもニュートラルな状態でいて、こんな事が起こるかもとだけ心算をしておけば、いつかこの状況が起こる事でしょう。

　普通なら、私の知っている3枚のカードのうちの1枚はもう一方の表向きになったデックの一番上からは出てきません。なので、私はデックをカットするようにお願いします。こうする事により強力な現象を作り出すための別のチャンスを作るのです。新しいカードが一番上に来ます。もしこれが私が目標にしているカードのうちの1枚でなければ、誰かに"最後の1回"としてもう一度デックをカットしてもらいます。この作戦は強烈な"大当たり"に導くためのチャンスを3回与えてくれます。しかし、観客の視点からは、私たちはまだ何も始まっていません。

　これが私の最初の現象なので、奇跡を見せる必要はありません。この早い時点でも大当たりに近い事が起こっても私は気にしません。もし赤裏デックのトップにスペードの6がある事を知っていて、青裏デックをカットした所にクラブの6が現れたら、私は多分それで我慢するでしょう。こんな感じに見えます。
　「どんなカードからでもカットする事が出来ましたが、あなたはしなかった。あなたは黒い6のところでカットしました。"黒い6"はあなたにとって何か意味がありますか？　ないですか？」　赤裏のスペードの6を表向きにしながら「今はどう？」と話します。エキヴォックを使ったマジックの演技のための程よいちょっとした謎を提供するオープニングです。しかし、今日は私にとってラッキーな日ではなく、最初のカットで良いハッキリとした現象が出来なかったと

105

しましょう。「良いでしょう、今からちょっと試してみましょう。カードの名前を言ってください」というような事を話します。栄光に向かう別のチャンスがやってきました。観客が「クラブの5」——ケースに入っているカードの名前です——と言ったら、一歩下がって、自分がビックリして目玉からアドレナリンが吹き出しているところを観客に見せないようにします。今までこういう事が多く起こってきました。あなたは突然本物の魔法使いになったのです。

でも、今日はダイヤのキングと言われました。

青裏デックの表をざっと見ていき、ダイヤのキングを抜き出します。しかし、ここが重要な点なのです。キングを捜すためにデックの表をザッと目を通しながら、私の心はいつでも起こった状況に対応出来るように油断せず、心をニュートラルにしています。カードの位置や並び順について気づいたら思い出せるほど、この時点で強烈なマジックをいくつか行える準備が整う事になります。もしかしたら、赤いジャックが2枚重なってデックの中央の近くにあるかもしれません。もしかしたら、このデックのトップから2枚目に、覚えている他のデックのトップカードにあるカードがあるかもしれません。もしかしたら、有り得ない事に赤裏デックがこの3枚から始まっているかもしれません。どんな具体的な事が起こっているかは知りませんが、後で使えるような何かがいつもその中にあると断言しておきます。出来る限りすべてを覚えておきましょう。こうしながら、カードケースに入っているカードと同じカード（この場合はクラブの5）の一方の側面の縁の中央に爪で印をつけておきます。あらかじめ私のクライマックスの準備をしておくのです。

言われたカード（ダイヤのキング）をテーブルの上に表向きに投げ出します。今夜は赤裏のデックを取り上げて、名前を言われた青裏のカードと一緒に覚えている赤裏デックのトップとボトムカードを使って、カード・スタブを演じるかもしれません。ジェニングスは1つ作品を発表しています。ビル・サイモンはもっとも単純な方法を発明しました。そして、この現象で悪い事は何もありません。スキナーも2手順発表しています。お分かりのように言われたカードを使って他のデックにそれを差し込んで、予言してた2枚のカードの間にそのカードがある、というマジックを演じるのです[注3]。私の2枚の予言を青裏のデックから探して抜き出しながら、利用出来るより多くの状況を探す事が出来ます。

インチキ

　現象を演じている最中カードの表にザッと目を通しながら、ただ大人しくラッキーな状況を探しているだけではありません。出来る時はいつも、後で見せる現象を作り出すために何枚かのカードをカルしています。偶然に起こった事を利用しているというよりも私が計画してセットしているので、これは厳密に言えばジャズではありません。"説明出来ないトリック"の純粋主義者たちは、エキヴォックとともに演じるなら技法は使わないべきだと異論を唱え、"インチキだ"と言うでしょう。彼らは間違っています。私にとって唯一の判断基準とは、何をしてでも私が出来る限りの、もっとも不可能で驚くべきマジックを提供出来るかどうかです。

　エキヴォックと技法を組み合わせる事で、普通エキヴォックのテクニックだけを使うよりもより強力なマジックを生み出す事が出来ます。私が知っている知識、私が持っているテクニック、すべてを使って不可能な事を起こすのです。
　多分、（カード・スタッブの演技をしながら）私は残り3枚のキングをカルするでしょう。そして、この最初の現象の最後にはひそかに赤裏デックのトップに4枚のキングを持っている事になります。彼らが名前を言ったカードを示して、残りの3枚のキングのところでカットします。私はそれらのカードをデックの中へファロー・シャッフルし（たように見せ）ます。そして、2つの山がかみ合わさった状態のデックが振られたとき、3枚のキングが飛び出します[注4]。ある時点で観客たち自身に4枚のキングを出してくれと言われたと思い込ませます（正確には本当ではありません）。エキヴォックを使ったマジックにどうやって一般的な技法を使ったマジックを混ぜるかお分かりになりましたか？ 2つのデックを使って、エキヴォックからより伝統的な方法へとデックをとっかえひっかえする事で、現象を準備し、カードを分析し、気付かせる機会を私たち自身に与えるのです。

　カードマジックでエキヴォックを使うとき、すべてに注意を払う事を忘れないでください。カードをシャッフルしながら、数えながら、配りながら、カットしながら、現れた事はなんでも利用する準備をしなくてはなりません。覚えておいて頂きたいのは、エキヴォックは"方法"ではありません。それは心理状態であり、状況を見極める手段なのです。
　あなた自身がいくつもの現象をあらかじめ先手を打って取り組む大切な作業を実地で覚えこむ凄い訓練なのです。現象を演じている最中に後で演じるい

くつかの現象の準備をこっそりする機会を利用するのです。もし、スペードのエースが青裏デックのボトムから3枚目にある事を知っていたら、何らかの演技の流れの最後にもう一方のデックを何気なくシャッフルしながらそれをボトムから3枚目に移して準備するのです。これで、後で一致現象を演じる事が出来ます。他の現象の中に隠されたこの種の準備によって、呆然とするようなマジックを作る事が可能です。

好みのフレーズ

　さあ、テーブルに置いた青裏デックのトップにはスペードのキングが、ボトムにはハートの2がある事が分かっているとしましょう。赤裏デックを使っていて、青裏デックの中にある私が知っている2枚のカードのうち1枚を使おうと思います。赤裏デックはよく混ぜられます。赤裏デックを表向きにしてテーブルの上に置きます。もしかすると、デックの一番上にあるカードが当たってるかもしれません。もし違ったら、デックをもう一度カットして、私のチャンスを高めます。ダメでしたか？　良いでしょう、先に進めましょう。「さあ、デックの半分位をカットして取って、私に渡してください」（カットした所のカードが別のチャンスを生みます）「ここに何枚くらいカードがあるか分かりますか？」この質問をしながら、受け取ったパケットを表向きにして両手の間に広げます。もし、もう一方のデックにある知っているカード（スペードのキング、ハートの2）の内の1枚があれば、カードを表向きにしたまま観客にクラシック・フォースします。シャッフルしたデックを使って表向きにクラシック・フォースを行うと本当に公明正大に見えるので失敗する事はまず無いでしょう。そうしたら、今日もっとも驚くと思う方法なら何でも良いので、それを使って青裏デックの中から一致しているカードを出現させる事が出来ます（あなたは単に広げられたカードを見ています。後で使う事が出来る何かを見つけましたか？）

　もし、偶然あなたの持っているカードの中にフォース・カードが入っていなかったら、単にこのカードを脇にどけ、いつもこうしているような素振りで残ったカードを表向きにして広げます。今2枚のフォースカードが入ったデックの下半分を見ています。ここで私は『モア・インナー・シークレッツ・オブ・カードマジック』にあるヴァーノンの方法に移行するでしょう。確率的な数字を見て（だいたい26分の2です）、可能性の多くを見逃さないようにしなくてはなりません。フォース・カードまでカードを配ったり名前を綴ったりしてそ

のカードへたどり着けるかもしれません。もし観客が彼らの指先を広げたカードのどこかに指差してもらったら、多くのケースがその指を指したカードを使う事になりますが、体裁よくフォース・カードのもっとも近くにたどり着けるかもしれません。適当なカードを抜き出させて、それを裏返しにして元のカードのどこかへ差し込んでもらいます。もしかするとこの裏向きになったカードがフォースカードの隣にあるかもしれません。観客は5のカードを選んでいて、そこから左右に5枚目の所に2枚のフォースカードがあるかもしれません（観客にどちらの方向に数えていくか決めてもらいます――大変強力です）。あなたの目の前にある状況に本当に注意を向けるのです。この"状況を見る"事が上手くなると、積極的にエキヴォックを使う事が多くなり、素早く好都合な状況をどうやって認識するか学べるのです。また、"逃げ道（アウト）"の観点からも、そして、特定の状況に合わせていくための様々な手段を考える事も助けるでしょう。

公式のフレーズ

　前にあらかじめ決めた手段を持つ事は望ましくないと忠告しました。このようなフレーズは完全に技法を使った現象と、エキヴォックを使ったものの合いの子です。このフレーズはあなたの演技にいつでも埋め込む事が出来て、より即興で演じるマジックを演じられるのです。

　これはカード・スタッブの改案で、この現象をオープニングに行うきっかけのマジックとして演じるべきではありません。もしあなたが最初からカードが命中して、他のマジックへと進めながらジャズ風に演技をするなら、これは素晴らしいフレーズになります。これは良い一致のカードマジックを演じながら、後でジャズ風に演技をするための情報を集める事が出来るからです。青裏デックからスペードのキングを当てて、これを裏向きのデックの上に表向きにして置いたとしましょう。デックを取り上げ、テーブルの上にドリブルをしながら、誰かにストップと言ってもらいます。表向きになったスペードのキングをテーブルの上にあるカードの上にのせます。これと同時に手に持っているパケットのボトムカードをピークします。このカードが表向きのキングの上に来ます。なので、今観客が完全に自由に選んだ場所に置いたキングと表同士が向き合っているカードを知った事になります。

　堂々ともう一方のデックの表をざっと見て、赤裏のスペードのキングを抜き出

しますが、同時にピークしたカードをトップから5枚目にカルします（こうする事で、赤裏デッキの表を長く見て、心に刻み込み、別のチャンスのために可能な限りの準備が出来ます。私が今魔法に変えられる事は何なのでしょう？）。

　両手の間に裏向きのカードを広げ、観客にキングを表向きのままその中のどこでも差し込むようにお願いします。両手の間にカードを広げながら、5枚目のカードをホフジンサー・スプレッド・カルして、広げたカードの下に重なるようにします。そして、観客が自由に差し込んだキングの上にひそかにこのカードを滑り込ませます。キングをどこにでも差し込ませる事で公正さを強調します。

　今までした事を観客にざっと説明しながら、両方のデックを裏向きにリボンスプレッドして、ひっくり返っている2枚のキングを示します。次にスプレッドをひっくり返して、両方のキングの隣にあるカードがまったく同じである事を示します（観客が反応している間、隣同士、並んでいる広がったカードの中に使えるパターンがあるか、良く注意しなければなりません。時々、2つの広がったカードを比べているとき、それぞれのデックだけではあり得ない関連性が見つかる事があります）。

優れたフレーズ

　このアーサー・フィンレイによるテクニックを使って驚くべき結果を残してきました。観客がデックをカットやシャッフルしたりしている間に、リフル・シャッフルをしているときにトップカードをいつもトップに残す人を見つけます。フォースカードをトップに持ってきて、この人にシャッフルするようにお願いします。1～2回シャッフルしてもこのカードは大抵トップにあるままです。シャッフルして何枚かのカードがその上にのった時はいつも、この人の途中で止めるように言って、カードが裏向きのまま噛み合った状態のデックをリボンスプレッドします（図1）。シャッフルの公正さを指摘しながら、フォースカードの上に何枚のカードがあるか目で数える事が出来るのです。タマリッツのように、観客にカードを押し込んで揃えてもらいます。観客はこのデックを3～4回シャッフルしましたが、しかしあなたはフォースが正確に上から何枚目にあるか知っています。他のデックのトップとボトムのカードも知っているためにこれらを指針となるカードとして使って（1枚だけ使っても、組み合わせて使ってもよいでしょう）、目的のカードまでたどり着く事も出来ます。これは誰もが悩み、マジシャンたちでさえ煙に巻く事が出来ます。

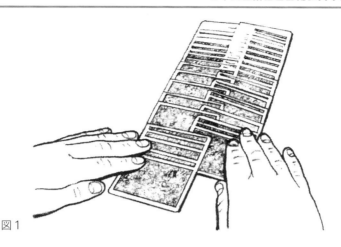

図1

素早いフレーズ

　目的のカードがある大体の位置を目分量で知る事が出来たら、何でも良いので3のカードをデックから抜き出します。デックをテーブルの上にドリブルして、3のカードを表向きにしてそこに投げ（または投げさせ）ます。ドリブルフォースのようにタイミングを計って、3のカードを目的のカードの近くに投げ入れます。ブレークは作りません。単に目分量で位置を見積もってください。デックを表向きにして、リボンスプレッドします。最小限の練習で、3はいつも目標のカードの両側にある4枚以内のどこかに差し込む事が出来ます。今、このカードへ反対向きの3のカードから大変直接的に数えていく事が出来ます（3枚数えてからその隣にあるカードを押し出す。または3枚数えて、3枚目のカードを押し出す。ひっくり返ったカードから数え始めるなど、状況に合わせて数えます）。または、投げ入れたカードがそのカードの直接隣にあるかもしれません。この凄いアイデアはチャーリー・ミラー、ハリー・ライザーなどによって使われ、エキヴォックを使ったカードマジックに大変有益なものです。

ラストダンス

　演技を進めている間のどこかでケースに入れたカードの名前を言われたり、選ばれたりしたら、すべてを忘れ、名前を言われたカード（もしくは一致したカード）をケースから取り出します（以下の"コツと道具"を参照してください）。正しくセリフを話し、地道に演技中マジックを仕込んでいく事によって、これはマジックの中でも観客にとって身も凍るような瞬間となります。ちょっ

とだけ余談ですが、この種のマジックを演じるときよく、そう、額面どおり"よく"、本物の奇跡に出くわします。あなたでさえ驚くような現象を演じる事がよくあるのです。誰かがカードの名前を言った時、それが両方のデックのトップにあったりします。または予言のカードを抜き出した時、もう一方のデックから観客が自由にランダムに一致するカードを選ぶ事もあります。このように気絶してしまうような、ダイレクトで不可能な現象の1つに出くわして何とか演じ終えたら、あなたはそこでマジックをやめて、その起こった事すべてを凄いと思い込ませなければなりません。観客が奇跡を体験したらその時間にあなたが準備したり計画していた事はすべて完全に忘れましょう。もし起こったマジックが充分に強烈だったら、さらにマジックを演じる事はそれを弱めてしまうだけです。

しかし、今日はそういう事は起こらず、演技を終える準備をします。爪で印をつけた青裏のクラブの5がある事を思い出してください（そして、赤裏のクラブの5がケースの中に入っている事も思い出してください）。

これが最後だと宣言します。両方のデックを徹底的にシャッフルするようにお願いします。そして、それらのデックを裏向きにしてテーブルの上に置き、2回カットしてもらいます（これは、デックを表向きにしてカードを当てようと行った後ですが、今回はカードが裏向きなので先に行った操作を打ち消すテクニックとして働きます）。私はまだ何にも手を触れていません。

誰かに赤裏か青裏か選んでもらいます。これはマジシャンズ・チョイスです。どちらにせよ、赤裏デックを取り上げ、これをケースの中に戻します——このときデックをケースに戻しながら、最初からケースに隠されていたカードが裏向きの状態で表向きのデックの中にひそかに加えられている事を確認してください。これは単純な事で特に特別な注目を集める事はありませんので、誰もこの動作に惹かれる事はありませんので、誰もこの動作を気にしません。青裏デックを観客にシャッフルしてもらっている間に、観客の中の誰かにこのケース入りの赤裏デックをポケットに閉まってもらいます。あなたが作り上げたイリュージョンが、どれだけクリーンで不可能かという事を考えてください。

青裏のデックを取り上げ、こっそりと爪でつけた印を確認して青裏のクラブの5の位置を見つけ出します。あなたが出来るもっとも説得力のある方法でそのカードをフォースします。もしあなたが上手く出来るなら、公平な態度で行

うリフルフォースは綺麗に見えるでしょう。私は普通、フェクターのタイミングフォースを使っています（『カード・カヴァルケード』マジック・メソッド社刊、1972年の45頁、または『フェクター』同社刊、1993年の237頁を参照してください。共にジェリー・メンツァーの著作です）。観客の視点からは、あなたは本当に良くシャッフルされたデックから、カードの表を見たりカードを操作する事なしにカードを1枚選ばせたように見えます。

赤裏デックを取り出してもらい、その中に魔法のようにひっくり返ったカードが1枚ある事が分かります。そして、それは選ばれたカードと一致しています。少なくとも満足のいく現象だと言えます。

コツと道具

あなたがすでにエキヴォックを使う腕をお持ちだとして、この手順構成とエキヴォックをこれらの現象とどうやって組み合わせるかを理解出来なければなりません。さらに、演じ慣れた信頼出来る現象という安全ネットを張りながら、すべてが奇跡の状況に向かうチャンスにしていくのです。ここからは文字通りの意味での"即興の演技"とは考えられないでしょう。この素材はエキヴォックを促進させるものとしての役目を果たす代わりに、その状況における自由を探検する事と、考えるための時間を与えるのです。

両方のデックを扱う時はいつも、いつも、いつもテーブルの上に置く前にトップとボトムカードを覚えています。毎回26分の1のチャンスを保険としてかけておく事は、私たちに多くの利益をもたらしてくれます。観客がカードの名前を言って、デックをひっくり返したらそのカードが出てきた時、一体何人の人にとどめを刺したか。この種のマジックを演じるほど、こうした瞬間がより起こりやすくなります。

お話ししたように、時々ケースの中に入っているカードの名前が呼ばれたり、他の観客に選ばれたりします。私はすぐ言われたカードを消し、ケースから出現させてこの演技をすぐに終わらせます。デックをテーブルに置いたケースの上にバラバラとまき散らすように弾き飛ばして、言われたカードをケースから取り出して終える事を好んでいます。または、"選ばれた"ケースを取り上げ、テーブルに置いてあるデックをパシンと叩くと――ケースの中からカードがカタカタと音を立てているのが突然聞こえてきます。ウォルター・ギブソ

ンとエディー・フィールズが考案した、過小評価されている"ウェイ・アヘッド・カーズ・トゥー・カードケース"は適切な状況では素晴らしい作品となります(『アートフル・ドッジーズ・オブ・エディー・フィールズ』ルイス・タネン社刊、1976年、6頁。もしくは、『ザ・グレーター・アートフル・ドッジーズ・オブ・エディー・フィールズ』カウフマン・アンド・グリーンバーグ社刊、1997年、18頁参照の事。2冊ともジョン・ラッカーバウマー著。たとえカードの名前を言われなくても、いつでも演じる事が出来るトリックです。これはカードケースにカードを残しておくという思いつきの元になりました)

　デックを戻すときケースに入っていたカードをその中央にひっくり返しておかなければならない訳ではありません。ある場合、よく混ぜたデックのトップやボトムから出現した方が望ましい事があります。これはカードをひっくり返してデックの中央に押し込むのと同じくらい単純です。単にデックをケースに入れるとき、隠れているカードをあなたが望むデックのどちらかの面に滑り込ませれば良いのです。もしよく混ぜたカードの中に2枚のカードが一緒にひっくり返っていたら、デックをケースに戻すときにこの自然に出来るブレークを使って、隠されていたカードをこの2枚のカードの間に差し込む事に使えます。可能性はありますよね？

　何かの物体でデックの横を叩き、言われたカードの所からカードを分けるという現象もとびきり凄いでしょう。単に古いハーバート・ミルトンの塩を使ったカード当てとハートのクイーンを使った心理的なフォース、そして奇跡の瞬間を引き出しただけです。もちろん、これはあなたが何かを使ってデックの横を叩いても良いという事でもあります。今日は使えるモノがここにありますか？　誰かのメガネ？　靴？　もしかしたら観客自身の手？

　先ほど解説したフィンレーのコントロールをいじっているときに、こんな事を発見しました。もし、デックのボトムにあるカードを知っているとして、シャッフルしている途中それをそこに置いたままにしておけたなら、実質的に誰かにフォース出来ます。観客のためにただデックをカットしますが、デックの下半分に全体の2/3のカードがあるようにします。観客が2つの山をリフル・シャッフルして合わせるとき、観客はカードの多い方の山を最初に弾き落とすでしょう。この不可能な方法を使ってよく4枚のエースをコントロールする事も出来ます。または2枚の言われたカードとか。または……？

ほとんどのデックには、驚くような現象のために利用出来る自然な欠陥があります。インクのしみ、キズ、表面や裏面の印刷ミス――これらすべてはこの種の作品を演じる時の味方になってくれます。借りたデックの中にある自然な欠陥による"天地のあるカード"のスタックをセットするのが好きです。

　もし、2つのデックを借りる事が出来なければ、1つはメモライズド・デック、もう1つは良くシャッフルされたデックを使って驚くほどの奇跡を起こした事があります。良くシャッフルしたデックの方は、カードをケースに残しておく方のデックです。これは両方のデックを観客たちにシャッフルしてもらえないという不利な面があります。しかし、そうしたような錯覚を作り上げる事は可能です。観客がもう一方のデックをシャッフルしているとき、私はいつも（フォールス）シャッフルをメモライズド・デックで行っています。演技の最中に、私は単にどちらのデックをシャッフルしたかわざと間違って言います。「今回はあなたに赤いデックをお渡ししてシャッフルしてもらいます。そして私は青いデックを混ぜます」観客たちが最後に赤裏のデックをシャッフルしていたとしても、これはそれとは違う事をほのめかしています。そして、後ほど「じゃあ、このデックを取ってシャッフルしてください」と言って、赤裏のデックを再び観客たちに手渡します。しかし、あなたの声のトーンによって、再び毎回違うカードを観客にシャッフルしてもらっている事を暗にほのめかすのです。

　ダイ・ヴァーノンは、彼が扱うすべてのデックをテーブルに置く前にそのトップとボトムカードをいつも覚えるクセを付けていたと一度私に語った事がありました――そして、それはエキヴォックを使うときでは無くてもそうしていたのです。彼はこれをすべての状況下で、デックをテーブルに置く時は毎回行っていたのです。これが"説明出来ない"事なのです。これをいつも実践するというのはキツい事です。

　最後に、あなたの技術を鋭くするための最良の方法は、たとえこの種のマジックをちゃんと演じようと思っていない時でも、機会を探し注意を払う事です。言い換えれば、あなたは伝統的なカードマジックを演じながら、それに沿ってエキヴォックを使った良い現象を見つける努力をするのです。もし何も思いつかなくても、そのときは、それでもあなたのカードマジックを演じる事が出来ます。もしエキヴォックについていつも考えながらマジックに取り組んでいたら、ヴァーノンが私にヒントを下さったように、より多くの評判を築くよう

な現象の演じ方をあなた自身でもっともっと見つけられます。たぶん、私のようにあなたもお気づきになるでしょう。その場で現象を方法を作り上げる技術によってもたらされる魔法の体験は、多くの伝統的な方法によるマジックとは比べ物にならない体験である事を。きっと、あなたも、あなた自身でさえ"説明出来ない"、観客を圧倒的に驚かせるマジックを演じ始めるでしょう。これはマジックの演技という領域の中でも、もっとも贅沢な楽しみに属します。

注1：　マジシャンズ・チョイスとも。曖昧な言葉を使った潜在的誘導の事。
注2：　1950年生。アメリカの著名なメンタリスト、歴史家。
注3：　『カードマジック入門事典』高木重朗、麦谷眞人編、東京堂出版刊、1987年。159頁参照。
注4：　『カードマジック事典』高木重朗編、東京堂出版刊、1983年。327頁参照。

52・オン・ワン・トゥー・ワン
Fifty-two on One to One

無料サンプル

　これはマジックの中でもっとも古いギャグの1つを最新版に更新したものです。この作品を特筆すべきものにしているのは、2000人規模の観客の前でこの作品を使って大成功だったという事実です。これであなたも同じように演じる事が出来ます。

　これはコメディのマジックショには理想的なオープニング用マジックだと私は思っています。巨大なカードを取り出し、その裏面を客席に向けています。誰かに1枚のカードの名前を言ってもらいます。スペードの2と言ったとしましょう。「あなたと私は今夜以前に決してお会いした事はないのに、もしこのカードを表向きにして、それがクラブの2だったらビックリしませんか？」と返します。

　観客は「スペードの2」と訂正します。私は「本当は関係ありません――全部持ってきましたから」　私が大きいカードをひっくり返しますと、その表に52枚すべてのカードが印刷されているのが見えます。（どんなつまらないマジシャンでも確実に笑いがとれます）

　「でも、あなたはスペードの2とおっしゃいましたね」こういいながら、この大きなカードを激しく振ると、すべてのカードが床に落ちていきます――スペードの2以外は、です。このカードだけが外せないように唯一大きなカードの表に印刷されているのです。この奇妙な巨大なカードをお土産として観客に手渡します。

　巨大な"52・オン・ワン"カード（52枚のカードが印刷されたカード）を作るには、90センチ×65センチ大の丈夫な厚紙が必要です（私自身は実際にはフォームコアボードを使っていますが、厚紙でも同じように上手くいきます）。そして、1組のデック、仮止め用のスティックのり、赤いマーカーペン、黒いマー

カーペンも必要です。

　丈夫な厚紙の片面に単純な裏模様を書きます。私は隅が丸い縁の中に単純な菱形の目のように線が交差しているパターンの模様を使っています（図1）。定規を使うとこれを綺麗に出来ますが、ほとんどの場合は単に目測して行っています。

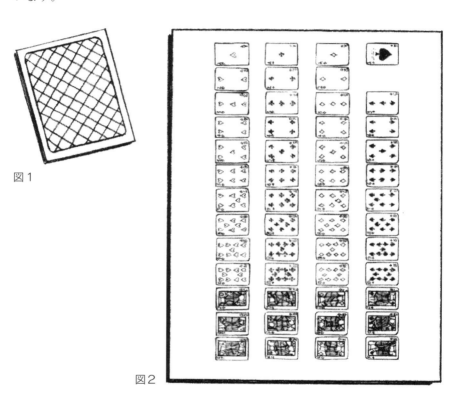

図1

図2

　ジャンボカードの表面に、必要なだけほんの少しのりを使って、ちょうど印刷されている"52・オン・ワン"カードのように、52枚のカードを順に貼付けていきます。どのカードをフォースするか決めたら、そのカードを貼るべき位置を空けたままにしておきます（図2）。そして、黒いマーカーペンを使って、厚紙の空いている場所に注意深くフォース・カードを描き込みます。周囲の貼ってある本物のカードと見分けがつかないくらいにしてください。実際には完璧

にそれを描く必要はありませんが、焦らずじっくりと、ベストを尽くして描いてください。あなたがベストを尽くしたものなら、それで十分でしょう。

巨大なこのカードを普通に持ったりしているときに貼付けたカードが落ちないようするには、ちょっとした配慮が必要でしょう。この巨大なカードをちょっと激しく振った時、先ほど貼り付けたカードがすべてはがれて落ちなければなりません。こっそりと、厚紙に様々な量ののりを塗った数枚のカードを貼り、振ってそれらを落としてみてください。どれくらいの量なら十分で、どれくらいなら多すぎるのかすぐに分かります。過不足ないのりの量を使ってください。

カードのフォースは除いて、この時点でどうすればいいかはある程度明確になっているはずです。ならば、どうやってカードをフォースするかって？　2つの方法があります。望ましい方法とゲリラ的な方法です。

最初に望ましい方法をお教えしましょう。ショウが始まる前に事前にカードを選ばせておくのです。ほとんどの皆さんがこの事を考えるだけで身がすくんでしまうのでしょうね。しかし、本当になんのトラブルも無いと信じています。より強力な現象を求めているなら、この方法は大変凄いのです。ショウの前に誰かと15秒だけ時間を取って観客の一人と話すだけで、そのカードの名前をそのまま言ってもらえるように出来るからです。これは観客の立場からすると、マジックの中でも最強な演技になります。

ショウの前に誰かに自己紹介して、ショウの途中である実験のために手伝ってもらえるかどうか尋ねます。彼らにはステージに上がってもらう必要はなく、席を離れる事もないと話します。ただ私がお願いしたときに、大声で思いついたカードの名前を叫んで欲しいとお願いします。彼らが手伝う事に同意したら、ここで止め「これを何度もやっているので分かっているのですが、お手伝いの方が緊張してしまい、その時になったら頭の中が空っぽになってしまう事がよくあるのです。なので、これを使ってちょっと手助けをしましょう。あなたの心の中の汚れを綺麗にしてください（ここで適当な26枚のカードが下半分に、同じフォースカード26枚が上半分にあるフォーシング・デックを取り出します。表向きにして取り出し、両手の間に広げてバラバラなカードである事を示します）。フォールス・シャッフルをして、裏向きにしたデックの上半分を両手の間に広げます。「真っ白になったあなたの心の中に1枚のカードだけ

をはめ込んでください。どれでも構いません」カードを選ぶようにデックを観客に勧めます。観客が選んだカードが私が用意したフォースカードの1枚である事を確認してください。

「このカードを思って、真っ白になった心の中にはめ込んでください。鮮やかな映像にしてください。そうすると、心の中に焼き付きます。もう心変わりはしないでください。そして、誰にも言わないでください。そして、私がどんなカードでも言ってくださいとお願いしたとき、あなたは単に心の中に残っている絵を思い返し、そのカードの名前を言ってください。そこで必要なのはこれだけです。あなたを頼りにして良いですか？」これでおしまい。そして、客席の中のどこにこの観客が座っているか見ておきます。

ショウの最中、「皆さん、カードの名前を心に思ってください。普通のトランプの中にある52枚のカードのうちの1枚です」と言います。そして、裏面を観客に向けながら大きなカードを取り出します。ショウの前に仕込んだ観客を指差して、「お名前は？　サラ？　素晴らしい。心を真っ白にして、思っているカードをそこにはめ込んでください。誰にもそれをささやいたり、紙に書いたりしないでください。そしてその絵はあなたの頭の中だけにあります。初めて、ここで大声でハッキリとそのカードの名前を言ってください」

彼女は「スペードの2」と言います。

「もし、このカードを表向きにして、あなたがここにクラブの2が描いてあるのを見たら、どれだけビックリされますか？」観客たちは私の言った事を訂正します。「で、あまり驚いていらっしゃらないようですね。スペードの2とおっしゃいました？　本当は関係ありません。全部描いておきました」カードを表向きにして、まったく技術や創造性が要らないギャグから沸き起こった笑いを思う存分味わってください。これは大爆笑になります。

「ちょっと待って。もっと凄い事になります」カードを激しく振って、本物のカードのほとんどを床に落とします。スペードの2だけが残るまで、頑固にくっついてるカードは弾き落としてください。「すべてのカードが落ちましたが、あなたの選んだカードだけが例外です。そして、これは落とす事が出来ません。何故なら、唯一ここに印刷されているカードだからです」スペードの2

を2回指でなぞって、私の言っている事ハッキリさせます。「そして、ちょっとビックリしたお土産に、これをお持ちください。ありがとうございました」

　あぁ──もう1つのフォースですね？　単にフォーシング・デックを持って舞台に上がって、適当に選んだ人に1枚のカードを選んでもらい、表を見ずにポケットにしまってもらいます。そして、ジャンボカードを取り出して、基本的に同じ現象を演じます。好きなカードの名前を言ってもらう代わりに、観客は選んだカードを取り出して、それを見せます。前者の方法ほど強力ではありませんが、両方とも悪い現象ではありません。どちらの方法を選ぶかは、あなたにおまかせします。

ひとつ飛び
Puddle Jumper
古典的なリミックス

　ここで、どうやってクロースアップの作品を100名の観客の前でも演られる手順にするか？　という大変良い例をご覧頂きます。私の友人エディー・ゴールドスティンによって演じられた、エース・ゴーラムの"カード・アクロス（カードの飛行）"が出発点でした。しばらくこの手順を演じていました。いつもそうなるのですが、時間を経て、ちょっと変更しました。そして、もっともっと変更していきました——だから、もうこれを元の手順だとはほとんど認識出来ません。そして最終的に分かった事が、癪にさわる事に著書『ザ・カーディシャン』（マジック・インク社刊、1953年）に発表されたマルローの"トラベリング・カード"をほぼ新たに考案していたのでした。似たハンドリングという事でマルローの功績をたたえます。私はステージングについての功績を取りましょう。そして、ここではステージングがすべてなのです。

　15枚のバラバラなカードの中から1枚を選んで覚えてもらい、その中に戻して混ぜてもらいます。3つの大きなワイングラスを取り出します。5枚のカードを観客に示し、最初のグラスの中に入れます。さらに5枚のカードを示し、中央のグラスに入れます。残った5枚のカードを示して、残ったグラスの中に入れます。そして、選ばれたカードが公明正大で不思議な方法によりグラスからグラスへと飛び移っていきます。

　この手順に入る前に、結構な時間をかけて、カーライル・カウントとしても知られている、指をパタパタ移動させて行うカードの数え方を学ぶところから始めなければなりません。この見事なフォールス・カウントはいろいろな場所に解説されています。『デレック・ディングル　カード・マジック（コインマジックもあります）』（リチャード・カウフマン著、角矢幸繁訳、東京堂出版刊、2009年、412頁）、『ジ・アート・オブ・アストニッシュメント　第3巻』（ポール・ハリス、エリック・ミード共著、A-1 マルチメディア社刊、1996年、246

頁)、ビデオで学習する世代はダローの『エンサイクロペディア・オブ・カード・スライツ　第6巻』(L&L パブリッシング社刊、2003年) を参照してください。私は基本をお教えしようと思っていますが、このカウントが本当に印象的に見えるようにするには、上記の参考資料を本当に勉強した上で何時間もの練習が必要です。

　最初に、5枚のカードを正しく数える事からお話しします。これで指使いが分かるでしょう。始めにカードを左手ディーリング・ポジションに持ちます。左手の親指でトップカードを右の方に押し出します。この縁の近くを右手の人差し指と親指の間にはさんでつかみます。同じ動作で次のカードも右の方へ押し出します。このカードを違った方法で右手に取ります。右手の中指を伸ばして、この指の腹と右手の人差し指の裏の間にはさみます(図1。2枚目のカードの持ち方が見えるように1枚目のカードは省いています)。

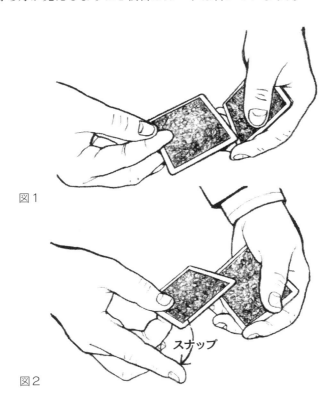

図1

図2

このカードを左手から引いて取りながら、右手の人差し指をサッと伸ばし、2枚目のカードを弾いてパシッ！と音を立てます。こうする事で、2枚のカードが右手の中指と親指の間に残ります（図2）

　3枚目のカードを押し出しながら、右手の人差し指と中指の位置を入れ替えます（ここが"指をパタパタ移動させるカウント"という名前の由来になっています）。右手の人差し指と親指でもう一度それらのカードの縁を持ちます。そのために3枚目のカードを人差し指の裏と中指の腹の間に受け取る事が出来ます。それぞれのカードを受け取る時はこのようにして、右手の人差し指を伸ばす事でパシッ！と音を立てながらカードの間から外して、次に指を"パタパタ"動かして元に戻します。

　考えずに出来るようになるまで、このようにカードの数え方を練習してください。練習をしているとき、覚えておいた方が良い大変重要な事が2つあります。左手の親指は右手にカードを押し出した後、決して"ピョン！と飛び越えるように"元の位置に戻してはなりません。カードの裏にずっと指先を当てたまま、滑らせるように元に戻します。カードを押し出して、親指を上げずにサッと元の場所に戻します。

　毎回カードの間にはさまれた右手の人差し指をパチン！と弾くように伸ばす考え方をとるのは、カードを数えながら鋭いパチン！という音を立てるためです。すべてのカードの音は1回目の聞こえる音と同じになっていなければなりません。音に加えて、右手の人差し指を弾くように伸ばすときに右手のカードをちょっとだけ"押しのける"だけの力がなければなりません。フォールス・カウントを始めたとき、この右手のカードを乱す事でカードが右手に移った事を視覚的に強調する事が出来ます。

　本当に行った時のカウントの動作があなたの習性になったら、カウントのリズムについて注目し始めましょう。拍が一定である限り、早くも遅くも数える事が出来ます。最後に、両手を見ずに同じようにカードを数える練習をします。

　さあ、フォールス・カウントです。最初の2枚は普通に、上記で解説した通り数えます。次に左手の親指で3枚目のカードを押し出して、それを取るために右手を近づけます。右手に持っているカードで左手の親指を隠します。3枚

目のカードを右手の人差し指でパチン！と弾くように伸ばします。しかし、このカードを取りません。その代わり、左手の親指でこのカードを元の位置に引き、左手に持っているパケットに揃えます。次にカードを持っている右手を離して、指をパタパタ動かす動作を続けます。リズムを崩さずにカウントを続けてください。

　これが基本的なカウントです。そうです、技法は観客すべてに見えるように包み隠さず行います。これは無茶を言っているように感じますよね。でもこれは私が知る中でもっとも騙されるフォールス・カウントです。私はこのカウントをすべてに使っています。より詳しい解説が書かれている先ほどお教えした資料を参考にされる事を重ねてオススメします。そうでなければ、あなた自身ですべての細かい手法を発見するまで鏡の前で奮闘するかのどちらかをしなければなりません。他の誰かの経験から学ぶ方がより良いと私は思いますけれどね。

　演技では、デックをシャッフルしてもらうために手渡し、どのカードでも良いので15枚のカードを抜き出してもらいます。こうしている間に、私は3つのワイングラスを取り出します。これはカードが入る大きさのものです。

　選ばれた15枚のカードを取り返してもらい、カーライル・カウントの動作を使って、そのカードを数えます。この時点で、私はただ私が言っている通りの事をしているのを確かめているだけです。本当に15枚のカードがあります。

　パケットを広げて、誰かに1枚のカードを選んでもらいます。観客に示して、これを元のパケットに戻して、ボトムから4枚目にコントロールします。こうするために単純な一連のオーバーハンド・シャッフルを使います。カードが選ばれたら、残りの14枚のカードでオーバーハンド・シャッフルをしますが、最初の3枚を1枚ずつランして、4枚目のカードをインジョグして、残りのカードを切り下ろします。インジョグから上にあるすべてのカードを右手で持ち上げ、3枚のカードを左手の上に残します。この手を伸ばして、持っているカードの縁を隠しながら、その上に選ばれたカードを返してもらいます。そうすれば、本当に少ないカードしか無い事が誰にも分かりません。右手に持っているカードを選ばれたカードの上に落とし、すぐにもう一度オーバーハンド・シャッフルを始めます。

今回は、トップから8〜10枚のカードを本当にシャッフルし、右手に残ったすべてのカードを左手のカードの下に戻します。こうする事で、選ばれたカードがボトムから4枚目にある状態を維持出来ます。単純なフォールス・カットを行ってシャッフルを終えます。

「あなたのカードが何か私に言わないでください。でも、マジックを始める前にあなたのカードがどこにあるか私が知っておく事が大事なのです。なので、あなたのカードがどこにあるか見て欲しいのですが、見るだけで何も言わないでくださいね」そう言いながら、パケット全体を表向きにして、右手エンドグリップに持ちます（カルディロ―ビドル・スチールを行うときの持ち方です）。ゆっくりとカードを数え始め、大きな声で「1」と言いながら、左手の親指を使って、右手に持っているカードの一番上にある最初のカードを左手に引き取ります。2枚目、3枚目のカードも同じ方法を使って引き取り、左手に持っているカードの上にのせます。4枚目のカード（選ばれたカード）を左手に取ったら、その下に左手の小指でブレークを作ります。右手のカードを次に左手のカードの上に重ねて、5枚目のカードを数えながら、右手の指先は選ばれたカードを右手に持っているカードの一番下にひそかに取ります（私が約束した通りのカルディロ―ビドル・スチールです）。5枚目のカードを同時に左手に持っているパケットの上に取ります。

左手だけを使って、これらのカード（実際には4枚のカードしかありませんが、観客は5枚で、その中の1枚は選ばれたカードだと考えています）を裏を客席に向けるようにしてワイングラスの中に入れます。このグラスを私から離れた左側にそのまま置きます。

今演じたビドル・スチールの動作とまったく同じように似せて、右手のパケットから5枚のカードを左手に引き取ります。覚えておかなければならないのは、選ばれたカードの位置や正体を知ろうとしたのではありません。私の心の中でこの5枚の中に入っているかもしれないし、先ほどの5枚の中に入っていたかもしれないというフリをしなければなりません。この2つ目の5枚のカードを、裏面を客席に向けて、中央のワイングラスの中に入れます。

選ばれたカードを隠し続けながら最後の6枚のカードを5枚に数えるには、左手に最初の4枚のカードを引いて取ったら、2枚重ねが右手に残ります。こ

の2枚重ね（関係ないカードが選ばれたカードを隠しています）を1枚のように左手にある4枚のカードの上に落とします。2枚重ねは右手の指先から左手のパケットまで本の7.5センチほど落ちるだけですが、見た目は大変公正で自然に見えます。

　これらのカードを、裏面を客席に向けて、出来る限りあなたから離れた右側に置いてある最後のワイングラスの中に入れます。

　「繰り返しますが、あなたのカードが何か言わないでください。でも、どのワイングラスに入っているかだけは知りたいのです。これですか？　今から何かを試してみましょう」両手が空だと見間違えようもないくらいハッキリ見せて、観客が指差したグラスの中からカードを取り出します——私の左側のグラスに入っているカードで4枚しかありません。

　カーライルのフォールス・カウントを使って、4枚のカードを5枚に数えます。ここでは、カードの空取りを3と数えたときに行うと自然に見えます。

　「あなたのカードを見えないように中央のグラスへと移したいと思います」こう言いながら、持っているパケットのトップカードをボトムへ移し、次のカードでも同じ事をします。これをあと3回繰り返します。5回目にカードを移した後、もう一枚のカードを移すために右手に取りますが、実際には右手にカードを取りません。この見えないカードを差し出しながら「この1枚を見えないようにここから……」と話します。この見えないカードを中央のグラスの中に落としながら「……ここへ移します」と話します。

　4枚のカードを1枚ずつ右手に取っていき、左側にある空のグラスの中に数えながら入れていきます。ここで、私はカードの枚数を強調して（5枚の代わりに4枚になっている）、決してカードの名前について言いません。これはクライマックスまで緊張感を保つ事を助けるでしょう（もちろん、カードは移動しましたけど、そのカードは何？？）。

　再び両手が空である事を示し、中央のグラスに入っているカードを取り出します。フォールス・カウントを行って、5枚のカードを6枚に数えます。カーライル・カウントを使って、4枚目のときにカードの空取りを行います（どうし

て4枚目かって？　使っているカードの枚数のために3枚目または4枚目に行うべきだからです。もし10枚のカードで行うとしたら、3から9枚目の好きなときに行う事が出来ます。5枚しかカードがありませんので、3枚目か4枚目になります。先に3枚目で行っているため、4枚目で行ってタイミングを変えたいのです。これは個人の意見ですけれどね）。

「1枚のカードがあそこからここへ見えないように移動しました。もう一度出来るか出来ないか見てみましょう。この1枚をここへ」

こう言いながら、再びカードをトップからボトムへと移します。6枚のカードを移したら、7枚目を取るフリをして、もう一枚の見えないカードとして示します（右手には実際に何も持っていない事をハッキリとさせておかなければなりません）。この見えないカードを右側にあるグラスの中に落とします。

最初のパケットで行ったように、5枚のカードを1枚ずつ手からグラスへ入れながら数えます。ここでもカードの表は見せず、枚数を強調します。

最後にもう一度両手が空である事を示し、右手でグラスからカードを取り出し、ゆっくりと6枚のカードを6枚に数えます。カードの順は変えません。6枚のカードを揃えながら、ボトムから2枚目のカードの上にブレークを作り、何気なくカットしてパケットのトップへ移します。そうしたら、アーネスト・エリックのロータリー・リバースからアイデアを得た技法を使って、新しいトップカード（選ばれたカード）をパケットの下に移しながらひっくり返します（『バイ・フォース・アンシーン』スティーブ・ミンチ著、ハーメティック・プレス社刊、1993年、19頁を参照）。

6枚のカードを左手に取り、揃え始めます。左手はパケットをディーリング・ポジションに持ちながら、手のひらを下に向けた右手でパケットの両端をつかみます。トップカードを右の方に押し出し、右手の薬指と小指の間にはさみます（図3）。

すぐにトップカードの下にあるカード全部を回転させて表向きにして、右手の指先にはさんでいるカードの上に載せます（図4）。他のカードを最初は垂直に立て、次に下げながら表向きに返している間、指先にはさんだカードはしっかり保持しています。こうする事で、選ばれたカードがひそかにひっくり返った状態で他のカードの下に残る状態になります。

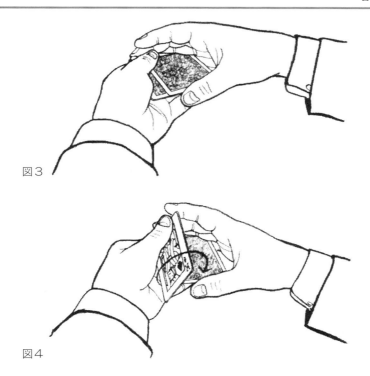

図3

図4

　このパケットを、選ばれたカードが自分の方を向くようにしながら右側にあるグラスの中に落とします。そして、右手の親指と指先でこのワイングラスの柄をつかみ、持ち上げます。「カードがあそこからそこへ、そこからここへ見えないように移動しました。あなたのカードは何でしたか？」と質問します。

　観客がカードの名前を言ったら、すぐにグラスの前を左腕で一瞬隠し、カール・ジャーメインが考案したカードの出現を行います。これはひそかにグラスの柄を右手の指先で半回転させて行います。グラスの柄を使って一種のパドル・ムーブを行っている感じです。

　左手をゆっくりグラスの前でゆっくり振り、選ばれたカードをグラスの中に入っているパケットの一番表に出現させます。これは驚くべき変化現象で、クライマックスには良い方法です。

後片付けの手続きは単純です。選ばれたカードが一番上にくるようにグラスの中に入っているカードをテーブル上に"注ぎ"ます（残りのカードは裏向きの状態でその下にあります）。選ばれたカードを取り上げ、再び観客に示します。続いて単に残ったカードを裏向きになるようにグラスからテーブルの上のカードの上に注ぎます。グラスが空になったら、それぞれのグラスを片付けます。

移行について
Transitions

「続いてのマジックは……」──ものぐさからの脱出

　お分かりのように、演技中にどうやってあのマジックからこのマジックへとつないでいくかという点にマジックの芸術性が試されます。これこそ、ショウのテンポが決定される所だからです。また、これによって観客の興味が減りも増えもするのです。移行部分はショウの演目すべてを統合して維持するための結合組織なのです。

　移行の中には、はっきりしたもの（カップと玉を片付け、デックを取り出す）もあります。より曖昧なもの（4枚の選ばれたカードを4枚のエースへ変化させ、続けてエースを使った現象に続けていく）もあります。私がここにどうやってたどり着いたか、その過程全体はあなたにお見せしませんが、ズバリ私が良い移行だと考えるものについてお話しさせてください。

　良い移行というものは何かが起こった事で演技が終わった感覚を与えたり、起ころうとしている事を紹介したり、興味を増幅させたり、それぞれのマジックをお互いに、そして全体としてのショウに関連づけたりします。何かの終わりと別の何かの始まりの間に起こる不快な感覚を消し去り、演技が途切れない感覚に置き換えていく必要があります。

　これはちょっと難しい注文です。これが理想だという事をお話しする事であなたに自信をつけてもらいましょう。理想は滅多に実際の演技の中で達成出来ません。しかし、試さない理由はありません。

　多くの私の手順は交換可能なモジュール式になっています。それぞれ、始まりと終わりのセリフを組み込んでいます。なので私にとって、移行はこうした既に存在している演目をスムーズにつなげる事に大部分が占められています。私は単に論理的な結合組織を準備して、ある演目から他の演目へ引き継げるよ

うにするのです。

　では、ステージショウを"52・オン・ワン・トゥー・ワン"（119頁）で始めるとします。次の演目として"ひとっ飛び"（124頁）を選びました（覚えておいて頂きたいのですが、私は決してこの順序で演技はしないと断言出来ます。これらを選んだのはあくまでも例で、これらの手順はあなたが参照出来るように本書に収められているからです）。

　"52・オン・ワン・トゥー・ワン"の終わりのセリフはこうです。「さあ、ナンシー、これにサインをしてお土産として差し上げようと思います。あなたはこれを額装して、リビングに目立つように飾るんじゃないかなぁ。もし私が有名だったら、インターネット・オークションに出品したら8ドルから9ドルの値段がつくかもしれません。でも、良く聞いてください。もし私が帰るときにこれが外のゴミ箱に入っていても、私は怒らないからね！」

　"ひとっ飛び"の始めのセリフはこうです。「ほとんどの皆さんがカード当てのマジックをご存知です。はい、私もその1つをやってみたいと思います。でも、これは大変独特なカード当てで、たった15枚のカードしか使いません。そして、3つのワイングラスをさらに使います」

　この台本のセリフは最初の演目の終焉と2つ目の演目の導入を私に出来るようにしてくれます。さあ、この2つの手順を1つにつなげる必要があるのですが、そんなに不快感を与えないようにしなければなりません。ここからそっちへ途切れる事無く移行する方法が必要なのです。すぐに思いついた、2つの手順の素早い移行法がこれです。

　「さあ、これはカードを使ったマジックでしたが、本当のカードマジックではありません。伝統的な感じではありません。そして、良いマジックショウでは必ずカードマジックが少なくとも1つは演じられると皆さんご存知のはず（ここでワイングラスを取り出す）。ほとんどの皆さんがカード当てのマジックをご存知でしょう。でも、これは大変独特なカード当てで……」そして、"ひとっ飛び"の始めのセリフに入っていきます。

　この場合、カードマジックについて話しているうちにワイングラスを取り出

す事が観客を惹き付けます。これが観客の興味を刺激して、彼らの心に疑問を起こす事を知っています。あれは何？　どうしてカードマジックにあれを使わないといけないの？　しかし、もっと重要なのは、観客に流れが止まってまた始まったと感じさせる事無く、1つの現象から他の現象に移ったのです。

　これがあるマジックから他のマジックに移るためにただ言葉を使っただけの最も単純な移行法です。あなたもマジックを演じるときに使う事が出来ます。たとえば、カードマジックからコインマジックへと移行する方法として、4枚のコインを4枚のカードの下から取り出すのです。

　私たちが説明してきた状況で、"52・オン・ワン・トゥー・ワン"の最後にステージ上に散らばっているカードを見下ろし、デックが使えなくなったと何かぶつくさ言います。そして、手を伸ばし、"ひとっ飛び"のために15枚のカードをファンに広げて取り出します。

　それぞれの方法は何も悪い事はありません。しかし、私の感覚からすると、最初から正しく考えずに演技を補強しようとしているように感じます。多くの詳細な点を述べませんが、私の仕事からの実例を見てみましょう。

　私のコメディのマジックショウでシリアスなメンタリズムを1つ演じたいとします。これは合わせるのが難しい組み合わせですね。コメディマジックは読心術の現象を弱くしがちですし、シリアスなトーンのメンタリズムはコメディに合わないように思います。

　私はスムーズな移行と言葉を使っただけの効果的な準備を試しまくりました。しかし、私自身、ショウのトーンを変えるためにさらに多く話している事に気付きました。加えて、これはショウのペースを完全に壊しました。すべてを一緒にする考えを止める方向へと転換していきました。

　ついに、言葉による移行は必要ないという結論に行き着きました。私たちから軽い笑いを穏やかに引き出す軽いコミカルなメンタルマジックマジックと、シリアスな読心術に繋げるマジックが必要なのです。この2つの両極端な現象の間に入れるための手順です。なので、大きな笑いが取れて、それでも最後は強力で不可能な現象のメンタルマジックを探し出しました。これはその前のマ

ジックとその後の読心術の間にピッタリ合いました。

　これは新しい演目を全体に馴染ませるために、1つではなく2つの新しい導入用のマジックを使う必要があったという事です。しかし、セリフはより簡単になり、ショウが維持していたトーンとペースはより良くなりました。なので、今はこうしています。私は現象を1つ1つがバラバラな演目であるとは思っていません、あるスタイルから別のスタイルへとつなぐ橋渡しだと考えています。これが結合組織であり、移行法なのです。

　あなたの移行法は何に似ていますか？　何があなたをスムーズにある場所からある場所へ、考え方から別の考え方へ、現象から現象へと移行させていますか？　あなたの心をそこに集中させれば、あなたはこちらからあちらへ移行する芸術性を見い出せるかもしれません。最低限でも、あなたのショウの中で脈略のない演目がただ並んでいるだけのように見えてはなりません。演目すべてが1つのつなぎ目の無い演技のように徐々に見えるようにしていくのです。

子供たちが杖をついて歩くとき
When Children Walk with Cane

小さい人のために

　私の古い子供向けのショウからの現象で、私のノートから掘り起こし、ここでご紹介するために持ってきました。過去15年以上、これを定期的に演じてはいません。でも、いくつかの点で興味深いですし、最近では子供向けのショウを演じる機会も滅多に無いからという理由だけで、この作品を埋もれさせたくなかったのです。

　情報カード（インデックス・カード）の束を示します――それぞれのカードには品物の名前が書いてあります。その品物はバラエティーに富んでいます――ピンポン球、赤いハンカチ、ネズミ、長さ90センチのつえ、クレヨンなどが書かれています。カードが選ばれますが、このカードを自分で見たり、ほかの観客に見せたりしません。残りのカードを置き、何かを探すようにカバンの中を引っ掻き回します。私はあらゆる種類のガラクタを床に捨てていき、ついに何かを取り出し、それを右手の中に隠しています。

　「手の中にあなたが選んだカードに書いてあるまさにその物を持っています！」手から赤いハンカチを広げます。「赤いハンカチです！　カードに何が書いてあるか大きな声で読んでください」

　彼は「長さ90センチの杖」と読み上げます。子供たちから大きな笑いが起こります。

　「本当は違うでしょ？　何て言った？」と聞いて、長さ90センチの杖と言った事を再確認します。辛そうにじろじろ見て少し間をあけた後、赤いハンカチを長さ90センチの杖に変化させます。

　これは結構一目瞭然だと思います。私はラス・ウォルッシュが考案したアピアリング・ケーンとお手製のスベンガリ・デックを使っています。以上です。普通の白い情報カードを使ってスベンガリ・デックを作りました。半分の量のカードには"長さ90センチの杖"と書きます（子供にはセンチやミリなどの略

記は意味がありません。ただそう書いておいてください）。このすべて同じ事を書いたカードの端を0.3センチ切り詰めます。残りのカードには子供にとって面白いと思われる品々の名前を書いておきます。子供たちは「牛のうんち」とか「パンツ」といった下品な言葉が好きなものです。この部分を楽しんで、面白い言葉を考えてください。

切り詰めたフォース・カードと他のカードを交互に重ねていきます。これで、このパケットを裏向きにして端を持ってパラパラと弾くとカードの表にバラバラの品物の名前が現れます。アピアリング・ケーンと赤いシルクを自分の道具をしまう鞄の中に入れておきます。

カードをパラパラと弾きながら始めます。そこには様々な品物が書かれている事を示します（スベンガリ・デック特有のドリブルを行います）。その間、面白い品物の名前をいくつか読み上げます。ここでちょっと笑いを得られます。しかし、その品の中に赤いハンカチと長さ90センチの杖を入れておいてください。

カードを揃えて、裏向きにしてからパラパラと弾きますが、その間に子供の一人にその中に指を差し込んでもらい、1枚選んでもらいます。切り詰めたカードが普通のカードと一緒になって落ちていきますので、長さ90センチの杖を簡単にフォース出来ます。

ユーモラスな現象にするために鞄の中を引っ掻き回して、最後に縮めたケーンとシルクを右手で取り出します。カードに書いてある品物をここに持っていると宣言して（「牛のうんちじゃ無くて良かった！」と言います）、シルクを広げてみせます。

カードを読み上げてもらい、最終的には見せてもらい、子供達の笑いに大げさに反応します。最後に良い事を思いついたように指を上げます。右手にあるシルクを上下に振って、ケーンに変化させます。ケーンを回転させて、拍手をちょっと多くもらえるようにします。そして、手伝ってくれた子供を客席に返しながら、彼のためにもう一度拍手をもらいます。

じゃーん！　別れ際に渡すお土産として風船をひねりたくなる衝動をグッと我慢してください。

何かを言ってくれ
Say Anything

観点

　私だけかもしれませんし、私以外のマジシャンもそうしているのかもしれませんし、他のどのアーティストもそうかもしれませんが、いつも波風を立てない安全第一で演技をしていませんか？　そのセリフと道具の裏にあなたの人間性を隠しています。良い仕事をした事でしょう。でも、何が何でもハッキリとした意見を述べず、誰にもあなたの考え方を見せません。私たちが最も高い目標にしているのは、ちょっと良いマジックをちょっとしたユーモアと謎と共に演じて、失敗無くうまくやりとげる事のように見えます。この演技に何の意味があるんでしょう？

　いいでしょう、単純なエンターテイメントです。単に良いマジックを見せれば充分だと意気揚々に主張する事も出来るでしょう。イリュージョンは成功裏に終わり、観客は楽しんで、演者は魅力的なプロであるという印象を与える。確かに、その事自体は何も悪い事ではありません。単純なエンターテイメントですから。十分でしょう。たぶんね。

　あなたの目標に依るかもしれません。私がすごく渇望する事は、私たちが演じる芸術としてのマジックが私たち自身を充分見せていない事。誰かが何かを言う事です。私にとって、それが"重要"だったり"意味がある事"だったり、もっと言えば"関連性のある事"でないといけない訳ではありません（たとえ、そういった事が私たちをワクワクさせるとしても、です）。でも、何かじゃないといけないのです。冒険してみましょう。あなた自身を晒しましょう。何かを言いましょう。何でもいいんです。

　どんな種類の演技者になるのかという事は、あなたが自分に合っていると思う事を用いて舞台を務めるという事です。なぜ、マジシャンたちは殆どの場合ビデオから学んだ手順を行って舞台を務める事を選ぶのでしょう——ビデオか

ら覚えただけのセリフを使って。一体それは何なのでしょう？　この人が言っている事は何なのでしょう？　私の答えは、何も言っていない、です。彼らは何も言っていないのです。もしあなたが大変幸運で、リハーサルもよくして、プロのように演じて、それでも何も楽しませません。そして、価値もありません。

　もちろん、一方では少しばかりの優れた見本がいます。ペン・アンド・テラー(注1)は疑う余地なく、彼らが何者で、彼らを取り巻く世界について考えている事を観客の心の中に残します。あなたが彼らの観点に賛成しようがしまいが、少なくとも彼らは観点を持っていると分かります。これは私にとって一大ショウです。トッド・ロビンス(注2)は迫力満点。彼については何の問題もありません。彼を愛しています。

　マイケル・フィニー(注3)を見てみましょう。私見ですが、彼は古いマジック特番「ワールズ・グレーテスト・マジック」の中で本当に上手くやりのけたたった一人の男でした。わずか2分から3分で、彼は自分が何者なのかを晒す事に何とか成功したのです。そして、1つ2つのマジックを大急ぎで演じきりました。これが彼の姿勢なのです——そして、観点でもあります。

　試してみてください。テレビのマジック特番が放送されたその翌日、素人さんにその番組に登場したマジシャンの名前を3人言ってもらってください。彼らは言う事は出来ません。彼らはこう言うでしょう「ステージの上で飛行機を出したヤツと、カードマジックをやったヤツ、どっかから脱出したヤツ……」

　これが私の論点なのです。つまり、一体何者なのか私たちが決して説明できない、この味気なく次々と出てくる面々は、何の観点も示していないのです。そして、あなたは彼らを覚える事は出来ないのです。唯一彼らがやった事だけ覚えられるのです。

　何かを言っている人たちは、すべての他の芸術領域でも優位に立っています。作詞家は？　ビートルズやドナルド・フェイゲン、ウィリー・ネルソンが考えている事について何の疑いもありません。コメディアンは？　本当のレニー・ブルース(注4)がどう言う人なのか不思議に思った事は決して無いでしょう。また、さらに言えば、スティーブ・マーチン、ジョージ・バーンズもそうでしょう。映画製作者は？　私たちがスティーブン・スピルバーグやマーチン・ス

コセッシ、デビット・リンチに関する事で学んだ事がないと真剣に異議を申し立てられる人がいるでしょうか？　そして、他の芸術を通して次々に例が出てきます。で、一方のマジックです。長年の間、デビッド・カッパーフィールド(注5)がもっとも影響力を持っています。

　常識を持つ誰もが言うに、カッパーフィールドは素晴らしいプロのショウを行います。彼は毎晩、世界中で素敵なショウを行っています。少なくとも過去20年にわたって、彼は超一流の有名人として君臨し続けてきました。

　さあ、デビッド・カッパーフィールドについて私たちが知っている事は何でしょう？　確かに、簡単な事でしたら——彼のガールフレンドは、スーパーモデルのクラウディア・シファーだった事がありました。この1つはあなたも気付いていたでしょう。他に彼について知っている事は？　彼が愛している事は？　彼が生きる世界を彼はどう見ていますか？　彼がお金持ちになるために好んだ事は？　彼が尊敬している人は誰で、その理由は？　誰が彼のあの眉を手入れしてますか？　私が知りたい事はこう言う事です。私が言いたい事がお分かりですか？

　ダンスと照明とユーモアと音楽と謎のすべてが揃ったあの凄いショウでも、このアーティストが裏に隠しているどんな事も見せてはいません（あなたが行間を読もうとしない限りはね——そうすれば、沢山の事を言っている事が分かります。しかし、それは別の話です）。

　一般大衆にとって、私たちのいる世界で彼が一番輝いているスターである事を忘れないでください。スーパースターの座に20年君臨しているのに、私たちはこの男についてほとんど知らないのです。
（浅はかな馬鹿が最後の行を読んで「やれやれ、人の成功を妬むんじゃないよ。彼は金儲け出来てるんだから、やってる事は正しいんじゃねえかよ」と言っているのがもう聞こえています。良く聞いてください。彼が成功していないとは言っていません。彼は凄いショウをしているとも言いました。あなたは論点が見えていません。元に戻ってもう一度読み直してください）

　私が提案したい事は、マジシャンたちが言う価値のある何かを見つけていきましょう、という事です。そして、それを言いながらマジックショウを演じて、

それを伝えるために舞台を使いましょう。私がもっとマジックショウを好きになるかもしれないだけでなく、大衆も一度に多くのマジシャンたちを受け入れ始める事でしょう。

　これについて間違えないでください。私たちは冒険をする事について語っています。あなたが考える何か価値のあるものを見つけるためには、あなたはあなたの演技にもっとその価値あるものを注ぎ込まなければならないのです。そして、それはいつも対立する観点です。その通り、観客の中にはあなたが言いたい事を好まない方もいるでしょう。これは恐ろしい事です。すると、問題は「これは本当に言う価値がある事なのか？　もしくは、安全第一で演技をすべきなのか？」というものになります。

　もしあなたの正直な答えが、安全第一の方がより良いというなら、それで良いのです。あなたはスカーフの色を変え、老いも若きも楽しませて食い扶持を稼げる事でしょう、たぶん。しかし、私はその演技の観客にはなりたくありません。ぶっちゃけ、退屈なんです。何かを言うために来てくれるアーティストを捜すでしょう。何でも良いんです。

注1： ラスベガスで大きなショウを毎晩行う、アメリカ随一のコメディ・マジシャンのコンビ。ショウの中で、政治から宗教などへの独自の意見をはっきりと主張している。
注2： ニューヨーク在住のサイドショウの専門家。電球を食べたり、鼻に五寸釘を打ち込むなどの危険術の名手。
注3： アメリカの著名なコメディ・マジシャン。「おでこにくっつくカード」というマジックで一世風靡した。
注4： 1925〜1966年。キツい毒舌で一世風靡したアメリカの漫談家。
注5： 1956年生。ラスベガスを中心に大掛かりなショウを行い、フォーブス誌上では長者番付にも登場するマジックの世界におけるスーパースター。

正しい自己紹介
A Proper Introduction

第一印象

やあ、僕はエリック・ミード。

これは——そんなに悪くはありません。私の名前をあなたに告げる単純な自己紹介です。しかし、あなたに言っているのは私の名前だけです。これを考えてみましょうか。

僕はエリック・ミードです。この本を書いたヤツです。

これはさらに情報が増えました。あなたはすでに私がこの本を書いた事を知っています。しかし、私は自分の事を"ヤツ"と表現しました。筆者でもない、人物でもない、男でもない——ヤツです。これはざっくばらんな態度でいようとしています。読者としてのあなたにとっては有益な情報でしょうか？

これはどうでしょう。

僕は、コロラド州アスペンからやってきましたエリック・ミードです。人生のほとんどをフルタイムのプロマジシャンとして過ごしてきました。これは僕が書いた小さな本でして、自分が考案した"作品"のいくつかやマジックを演じる事についての考え方を解説しています。あなたにとって、これが何かのお役に立てるように望んでいます。

これはさらに良いですね。

ここまで読んだらあなたは「だから何？」と尋ねる事でしょう。はい、もしあなたが行間をちょっとでも読んだなら、私があなた自身の自己紹介について何かを言おうとしていると分かるでしょう。

私は司会者として多くの仕事をしてきました。そして、多くのマジシャンたちが自己紹介するためにお願いしてくる方法にゾッとしてきました。多くの場合、彼らは自己紹介についてまったく何も考えていません。彼らは「あぁ、分かってるだろ、言いたい事を言ってくれよ。観客には私はカリフォルニアから来たと言ってくれ。私はキャッスル(注1)で仕事をしているんだ」これでは、まるで私が質問した事で彼らを驚かせたようではありませんか。

　良いでしょう、これは今から見ようとしている演者の事を観客に対して何も言っていない自己紹介の類いです。「彼はお城（キャッスル）で働いてるって？一体どう言う意味なんだろう？」私は余計な時間の多くを費やしてインタビューして、彼にとって適した自己紹介を作り上げなければなりません。結局、私は司会なのです。多くの場合、あなたの自己紹介をする司会者はあなたを良く知りませんし、あなたを知るための時間は取れません。なので、実際彼らは言いたい事を何でも言おうとするのです。あなたは何もコントロール出来ません。

　私はこの作業を通して自己紹介を作らせやがったすべての演者たちに聞きたい事を、あなたにもお聞きします。ほんの数分であなたのために凄い自己紹介を書く事がどれだけ大変だと思いますか？　それを避けるために1つは、情報カード（インデックス・カード）に大きな文字で自己紹介を印刷し、あなたを紹介する司会者にそれを読んでもらえるようにしておくのです。あなたとあなたのショウに関して3〜4行で書き、その後にあなたの名前を書き込みます。第一印象を与える機会としての自己紹介について考えてみましょう。私を見る前にこの観客たちに考えてもらいたい事は何でしょう？　いくつかのテレビに出演した経歴でしょうか？　あるいは単純でコミカルな紹介の方がより良いのでしょうか？　伝記的な背景について呼びかける方が良いのでしょうか？　または今夜は私が登場する前に私がマジシャンである事を観客に告げないでおきましょうか？　多分、知的に見えた方が良いかもしれません。もしくはイカれた感じで。または芸術家っぽく。またはミステリアスに。または子供っぽく。またはバカっぽく。選択は無限です。

　私はあらかじめ考えて書き込んでおいた4枚の情報カードを、ラミネート加工して私のショウ用の鞄に入れてあります。1つはクロースアップでのショウのためのもの、1つはステージショウのためのもの、1つはメンタリズムのためのもの、もう1つはマジシャンではなく講演者として宣伝されている時のた

めのもの。あなたも同じ事をされるように強くオススメします。
　そして、あなたは単に演技の場に適した紹介が書かれたカードを司会者に手渡し、これを読むようにお願いします。私の紹介はすべてこう終わります「さあ、皆さま。どうぞ温かくお迎えください、エリック・ミードです」

　拍手がはじまり、私は入口へと急いで進みます。

注1： マジック・キャッスル：ロスアンジェルスにある、マジックを楽しめる会員制クラブの事。会員の多くが芸能人や有名人であり、世界中のマジシャンたちが集まる事でも有名。

1つにつなぐ
Tie on One

一張羅の予想

　ここ数年折りに触れて演じている奇妙なオープニング用のマジックです。決して早いペースだったり派手な現象ではないのですが、観客に影響を与える印象が好きなのです。これは立って行う演目で、メンタルマジックのプログラムと同様に、コメディっぽいマジックショウにも合います。

　演者は首までボタンを留めたワイシャツの上にボタンを留めた上着を着て登場します――しかし、ネクタイをつけていません。加えて、両腕にはそれぞれ4本ずつ、8本の異なったネクタイをかけています。彼は少し後でお見せする予言をしてきたと宣言します。

　何人かの観客にお願いして8本のネクタイを最後に1本だけ残るまで、デタラメに取り除いていってもらいます。私たちのヒーローは上着のボタンを外し、本当はネクタイをしていた事を示します。ネクタイを出来るだけ緩めて、ボタンがかかった上着の中に隠していたのです。このネクタイをしっかり締めて、元々腕にかかっていた8本のうち残った1本と完全に一致している事が見えるようにします。

　その通り。これはマジシャンズ・チョイスです。これは本当に簡単に設計されており、あなたは観客が決めた選択のどれをも決してごまかしたり、ごまかそうとしたりする必要がありません。普通にネクタイを締め、次にそれを緩めて、くるりと回し、上着の中に隠します（図1、図2）。私はダブルの上着を着ています。もしあなたがダブルの上着を着ないなら、ネクタイを少し緩めて、上着の片側に押し込むようにします。そして、襟の見えている部分を白い布（もしくは着ているワイシャツと同じ色の布）を巻いて隠します。

　このようにして、あなたはネクタイをつけていないように見えなければなりま

図1

図2

せん。また、あなたがつけているネクタイと同じネクタイ、それとそれぞれが大げさなくらい色の対比が強いネクタイを7本用意します。すべてのネクタイは、あなたが普段から実際につけているように見えるものを揃えるのが最高だと感じます。それぞれの腕に4本ずつをかけます（図3）。一致しているネクタイは右腕にかかっているネクタイの好きな位置にかけてください。

「今夜は私たちがお互いに気が合っているかどうか見る所から始めましょう。そんな事がありえるかのように言っていますね。ここに8本の違ったネクタイを持ってきました。1時間ちょっと前、このネクタイを見ながら

図3

消去プロセスを経て、今夜つけようと思うネクタイを決めました。その瞬間をあなたと分かち合いたいと思います。最初に、皆さまがどんなネクタイを私のために選んでくれるか見てみましょう」

　誰かを無造作に選び、その観客に立ってもらいます。"前に合った事がないので、打ち合わせる事は不可能"という免責事項を話します。そして、右か左かどちらかを言うようにお願いします。この観客がどちらを選ぼうが、左腕にかかっているネクタイを床の上に落とします。これは"私の左腕"または"観客から見て右にあるネクタイ"と翻訳出来ます。しかし、私はその事に言及しません。

　次にこの会場中にいらっしゃる身も知らない人を指差すよう最初の観客にお願いします。その人を立たせ、ちょっとした脱線や免責事項について好きなだけ観客をいじります。「あなたの役目はちょっとハードです。最初に両腕にかかっているネクタイの本数を同じにする必要があります。しかし、あなたにどのネクタイをこのままにして、どのネクタイを移すかを決めてもらいたいと思います。言ってください」選ばれた2本のネクタイを左腕に移します。一致している（フォースする）ネクタイが移されてもそのままでも関係ありません。ただどちらの腕にかかっているかだけ気に留めておきます。この二人目の観客に彼が知らない観客を指差してもらいます。

　この三人目の任意の観客にどちらかの腕を指差してもらいます。もしフォースしたいネクタイがかかっている方の腕を指差したら、この人にこちらへ来て、この2本のネクタイを取るように言います。私の腕からネクタイが取られたら、すぐにもう一方の腕にかかっている2本のネクタイを床に落とします。もし、フォースしたいネクタイがかかっていない方の腕を指差されたら、すぐにこの2本のネクタイを床に落とし、間を置き、次にこの人にこちらへ来て、腕に残った2本のネクタイを取ってもらうようにお願いします。どちらにせよ、この人はフォースしたいネクタイを手に取り、違う方が私に残ります。その後、三人目のお客様が知らない誰かにこれらのネクタイを手渡すようにお願いします。

　この最後の人に、持っているネクタイを注意深く見て、そして、それぞれのネクタイの良い部分を見つけてもらうようにお願いします。「素晴らしい、どちらかを私に投げてください」とお願いします。先ほどのように同じ2つの意

味に翻訳出来る事がここでも起こります。もし、フォースしたいネクタイを投げてきたら、出来るだけ頑張ってそれを受け取り掲げます（もし取りそこねたら、ゆっくりそこまで歩いていき、それを取り上げ、間抜け面をしながら投げた観客を見て、それを掲げます）。

　もし彼がもう一方のネクタイを投げてきて、フォースしたいネクタイが残ったら、何であれそれを受け取る努力はせず、空中を飛んでいる間「完璧です。あなたのネクタイを上に掲げて、皆さんに見えるようにしてください」と言います。「実際、ここに持ってきて、それを見せてください」どちらの道筋をたどるにせよ、私は身につけているネクタイと一致するネクタイを掲げています。

　「みなさんは今からお話しする事を信じないかもしれません。私は既に着けたいと思ったネクタイを決めたとお話ししたのを思い出してください。ええ、あらゆる予想を覆して、これが私が1時間前に決めたまさに同じネクタイなのです」（結果的に、ここでいつもちょっとしたまずまずの笑いが起こります）。

　「では証明してみましょう」　首の周りにかけているネクタイを垂らし、上着の外に出します。ゆっくりと上着のボタンを外し、着けているネクタイをまっすぐにします。大きな笑顔を見せながら、ネクタイの周りに締めていって、もう一方のネクタイを私の横に掲げて、一致しているのがハッキリするようにします。

　最後に——ネクタイはステージ上に散乱しています。あなたのスタイルに合った態度ならなんでも構いませんので、これを処理してください。

ピーカ・ブック
Peek-a-Book

発明の母

　本をピーク用の装置として使う本当に即席のハンドリングです。本を使う事で、私が知っている他の方法では望めない、副次的な利益が多くもたらされます。読み進められればお分かりになると思います…

　誰かにひそかに心に思っている事を書き出すように頼みます。名前、場所、単語、数字——何でも構いません——を名刺の裏に書いてもらいます。名刺は書いた面を下にして、そのお客様が借りた本の中央に差し込みます。そして、彼女は両手の間にその本をはさみます。そして、その情報を当ててしまうのです。

　もし出来るなら、名刺、文庫本、ボールペンを借ります。名刺とペンを観客に手渡します。後から思いついたように、"テーブル代わりに"するように本を手渡し、ひそかに思っている事を書き出してもらいます。

　彼女が書いている間、私はペンシル・リーディング[注1]の技術を実地で練習します。もしこの方法で言葉が分かったら、もう無敵です。歩いて少し離れて、何にも触らず、ひそかに心に思っていた事を当てます。

　しかし、ペンシル・リードが出来ずに何が書かれたか分からなかったとしたら？　そうしたら、次に本を返すようにお願いします。さあ、観客に名刺に書かれた面を下にし続けておくように注意をしながら、筆圧によって出来るカバーに残った読める筆跡が残っているかどうかチェックします。明かりの下で本を傾け、筆跡が見えるかどうか見るのです（これが出来る限りボールペンを借りる理由なのです。ボールペンは文庫本のテカテカした表紙に筆跡がつく最高の機会を与えます）。もし、判読可能な筆跡があったら、私は離れて、名刺を折り畳んで、ギュッと握って持っているようにお願いします。そして、ひそかに心に思っていた事を当てます。

ピーカ・ブック

　しかし、フェルトペンしか借りられなかったとしたら？　ペンシル・リーディングも出来ない。筆跡も見えない。ここでこの"ピーカ・ブック"がお役に立ちます。

　本を左手で持って、ゆっくりとページをパラパラ弾いていきます。観客に書いた内容を隠し続けるように話します。彼女に本の中ならどこでも良いので名刺を差し込むようにお願いします。彼女がそうしている間、見えないように顔を背けています。そして、顔を元に戻す前に、名刺が完全に本の中に押し込まれた事を確認します。

　お客様に背を向けて、本の両面を何気なく見せながら、名刺は安全に本の中に隠されている事実について話します。手のひらを下に向けた右手を使って、本の一方の端をつかみ、本の背が自分に向くようにします（図1）

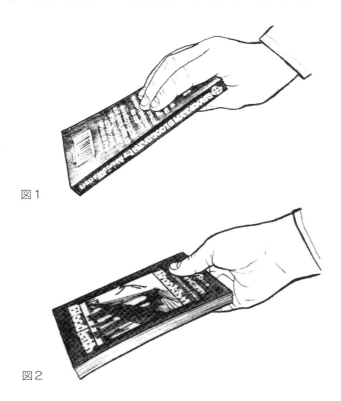

図1

図2

本の両面を2回チラリと見せて、多分、明かりは役立たないと本を光にかざして透けない事を見せ、この簡単な改めを終えます。まだ本の一方の端をつかんだまま、自分の前で右手の手のひらを上に向けます。こうしますと、名刺の何かが書かれた面が上を向きます。本の背が観客の方を向いて、右手は本の右側を完全に隠して、誰にも見えないようにします（図2）。

この時ミスディレクションのための間が必要です。私ならペンにキャップをはめるかもしれません。または左側にいる紳士にペンを手渡すかもしれません。もしくは手伝いの観客に「右利きですか、左利きですか？」と質問するかもしれません。私はこの演技の状況に自然に入っていけるような動作なら何でもします。そして、観客の誰もの心の中から名刺と本をへの注目をそらします。この間に、左手は本のもう一方の端を上からつかみ、左手の親指で名刺の所まで弾いていきます（名刺がショートカードのように働くので、その場所を指先が感じますし、必ず上手くいきます）

親指でちょうど名刺が差し込まれたページを開き、書かれている内容を覗き見します（図3）。

図3

本が開いている時は、両手で本の左右の側をカバーしている事に注意してください。正しく行えば、本全体を単にちょっとだけ曲げただけのように見えます。そして、これ以降私はこの本を二度と見ないでしょう。

動作を続けて、本を閉じながら、左手の上にひっくり返しておきます。再び、ここは何気なく行ってください。この操作のどこにも注目が集まったり注意が引かれたりしてはなりません。本を左手の上にのせたら、すぐに両手を使って本全体を少しだけ縦に下に曲げます（図4）。これは秘密の動作を打ち消すための動作です。これは先に行った動作との統一性を導きます。

図4

　すべての動作は数秒もかかりませんし、大変無頓着に見えます。本を曲げて、ひっくり返して、再び曲げたように見えます。もし上手く行えたなら、ほとんどの人が本を曲げた事に気がつかないでしょう。両手の動きについて考えないようにしてください。

　ここで本を観客に手渡し、彼女の両手の間にはさんでもらいます――その後彼女がひそかに考えていた事を当てます。

演出に関する覚書
　これを読んだ方の中には本の中に名刺を差し込む意味がまったく無い事に気付いてしまった人がいるかもしれないと分かっています。もしあなたが何かを隠したかったら、演技の場から90センチ以内に、もっと良い、それを隠すためにもっと筋の通った場所があるはずです。

名刺を本の中に隠す事を正当化するのを助けるためには（これが本当に普通に見える事はまったくありません）、本の中から"ひそかに思っている"言葉を探してもらうのです。観客にどのページでも良いので開いてもらい、適当な単語や文を読んでもらい、ひそかに思ってもらいます。

　そして、この"あなたの心の支え"となるこのセリフを話します──「あなたの心の中にある言葉は本の中から拾いましたので、そこへ返してもらいたいと思います。名刺をどこでも良いので押し込んでください」

　分かっています、これも筋が通っているように一見思えるだけでしょう。しかし、私の意見としては、「名刺を本に押し込んでください」と理由なしに不条理な事をただ伝えるよりはまだマシだと思います。

　ピークする事無しに書いた事を当てる事前の試みを見落とさないでください。ピークせずに情報を手に入れる機会を作る事が、この方法を使う核心なのです。もしペンシル・リーディングが出来たり、表紙から情報を暴いたり出来たら、あなたは大変厳しい状況下で本当に不可能な事を起こす事が出来るポジションにいられるのです。

注1： 鉛筆の動きを見て何を書いているか読み取る技術

探りを入れながら
Gone Fishin'

待ち望んだ侵略行為

　この作品は、私の友人であるマイケル・ウェーバー(注1)と協力してまとめました。ウェーバーは一度「もし君が男に魚を与えたら、一日は飢えをしのげるだろう。もし男に探りを入れる方法を教えたなら、彼は自分をメンタリストだと考えるだろう」(注2)と話した事がありました。方法論から見たこの現象の面白い面は、"探る"部分では本当の意味で"探る"事はないのです。演出は大変面白く、即席に演じたように見え、強烈に2回殴られたようなクライマックスがあります。プロが演じるクロースアップでのメンタリズムの良い例なのです。

　手にいっぱい借りた小銭をハンカチで包みます。ハンカチの四隅を集めて、即席の袋を作り、中でコインを振って混ぜます。誰かにこの中に手を伸ばして、誰にも見せずに1枚のコインを取り出してもらいます。私は後ろ向きになって始めます「じゃあ、何が読心術で何が読心術じゃないかお話ししましょう。もし、あなたが誰もがすでに知っている何かについて言ったなら、それは読心術ではありません。例えば、あなたの手の中にあるものを見てください。でも他の人には見せないように。丸いまたは円形の物体を感じます。そしてそれは平べったいです。円盤のようです。当たってますか？（はい）それは金属製ですか？（はい）その円盤は何らかの価値があるものですか？（はい）素晴らしい。また、その両面には何かのイメージが彫られている印象があります。片面には男性の頭の横顔があります、本当ですか？（はい）それだけじゃなくて、実際の男性の頭よりもうんと小さいイメージですね。これは大変重要な人物で、公僕として働いていましたか？（はい）その男性の首には4つの数字が刻印されていますね？（はい）信じられません！」

　これはすべて笑いのために演じていて、完全に冗談です。「もちろん、これは読心術ではありません。もしコインを持っているなら、私たちはこれらの質問がすべて本当だと知っています。一歩先に進んでみましょう。もう一度、誰

にも見られないようにコインをひっくり返して、その裏面を見てください。コインの裏に掘られているイメージに集中してください。そこには3つのものがありますね？（はい）私には2つの違った木の枝がたいまつの両側にあるのが見えます。という事は、あなたは10セント銀貨を持っていらっしゃいますね。（はい）なので、もしコインをひっくり返したなら、そこにはルーズベルトの肖像が見えますよね、合っていますか？（もちろん）では、彼の首に刻印された4つの数字を見てください。それはコインが鋳造された年です。そして、その年に集中して欲しいのです。これはちょっと簡単だったのです、なぜならある年まで、すべての年は1と9で始まっていましたから。でも、いつもそうではありません。しかし、このケースでは本当です。数字は1、9、8、4。1984年。これがあなたが思っている年ですか？ ありがとうございます」

これは古い"デビル・ハンカチ"を使った大変単純な手順です。売り物を使う代わりに、私はあなた自身でこれを自作されるか、あなたのためだけに作ってもらったものを使う事を大いにオススメします。こうする事で、何とも怪しげなマジック道具のように見えませんし、これを使う事が良く感じられるでしょう。2枚の普通の、白い、男性用ハンカチを入手して、その3つの端を縫い合わせます。4つ目の端は半分だけ縫い合わせます。その結果、ハンカチの間に口が出来ます（図1）。

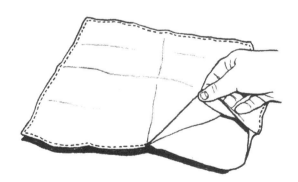

図1

すべて同じ年号の4～5枚の25セント銀貨と4～5枚の10セント銀貨を探します。私は今から10～15年前の年号のコインを好んで取り上げます（古すぎるコインはまれに見られる程度です。なので、古い年月はより印象的ですし、あなたがよく使われているコインの発行年と発行枚数に関する統計を研究して

いて、これがまぐれ当たりだったかもしれないという考えを排除します)。
　始める前に、これらのコインをデビル・ハンカチの中に仕込んでおきます。この仕込んでおいたコインでフォースを行うのです。

　マジックを見ているの皆さんで工面していただいて、出来るだけ多くの小銭をお借りしたいとお願いします。観客が探している間に、仕込んでおいたデビル・ハンカチをポケットから取り出し、四隅を集めて持ちます。こうする事で、仕込んでおいたコインをハンカチの中央に集める事になります。私は静かにコインが仕込まれたハンカチの中央を左手の手のひらの上に置き、四隅が広がるようにして、ハンカチが手の上にかかっているようにします(図2)。

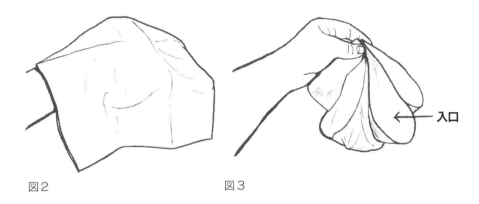

図2　　　　　　　　　　図3

　右手を使って、皆さんから小銭を集め始め、ハンカチの中央の仕込んでおいたコインの上にのせます。多くの様々な種類のコインが集まったら、すぐにハンカチの四隅をあつめて、すべてのコインを良く混ぜます。どこに秘密の入口があるか気に留めます。もし必要なら調整して、それが開いて簡単にその中に手を差し込めるようにします(図3)。

　誰かにこの中に手を差し込んで、中を見ずにちょっとコインを混ぜてもらいます。観客が秘密の入口に手を突っ込んだか確認して、私がセットしたフォースするコインだけに手が触れるようにします(2種類以上のコインを使う理由はここにあります。なぜなら、人々は時々ハンカチの中でコインをいじるからです。もし彼らがそうしたら、違った大きさのコインを感じなければいけないはずです)。

私は後ろを向いて、先ほど書いた演出の概要に従って進めます。唯一私が見極めなければならないのは、観客が取ったのは10セントか25セントか、という事です。もともと、どちらのコインを取ったか見極めるために、私は単純な"かまをかけて聞き出す"事や"情報の探り出し"をしていました。言葉を使った策略と心理学を使って、マイケル・ウェーバーが私のためにこれを直してくれました。10セントと25セントの裏面を見てください。10セントには3つのハッキリ違う物体がありますし、25セントにはワシがついています。

　観客にコインの裏を見るように話すとき、「そこに3つの物が刻印されています。正しいですか？」と言います。観客がすぐに「はい」と答えたら、彼らは10セントを持っている事が分かりますので、それに合った刻印について口述を始めます。一方彼らが「いいえ」と答えたり答えに窮したら、観客は25セントを持っている事になりますので「確かに3つですよ、丸太か棒の上に何かの枝や小枝があって、その上にワシが休んでいます。25セントを持っていますね」と話します。

　お分かりですか？　どちらにしても、あなたが表明した「3つのもの」という事は正しいのです。そして、どちらのコインかも分かります。後は演出の仕事なので、あなたに必要なのは上手く演じるための演技力だけになります。

注1：法律家でプロマジシャン、マジックコンサルタント。独創的なアイデアマンとしても有名。

注2：作者不明のことわざ「Give a man a fish and you feed him for a day; teach a man to fish and you feed him for a lifetime.」（男に魚を与えれば一日の飢えはしのげる。男に魚の釣り方を教えれば一生の食を満たせる）をもじったジョーク。原文は「If you give a man a fish you feed him for a day. If you teach a man to fish, he thinks he's a mentalist.」「Fish」は「魚釣り」と「探りを入れる」という2つの意味があり、それをジョークにしたもの。

おめでたい出来事
An Auspicious Occasion
相手の心を読む

　このクロースアップでの読心術は、まるで本物のように思い込ませるだけの力を持っています。信じない人たちを改心させます。本物の信者たちにする事が出来るのです。ですので、この手順を不心得者たちの手に渡しちゃダメです。

　5枚の同じ名刺とペンを借ります。それぞれの名刺をその観客たちに手渡し、最初の4枚には、その裏に名前――どんな適当な名前でも構いません――を書いてもらいます。5人目の方、これが私たちの"被験者"ですが、に過去に合った本当の人の名前を心に思うように指示します――彼女の思い出の中にいる人や感情的に感じる特定の人です――そして、その人の名前を名刺の裏に書いてもらいます。すべての名刺を集めて、この最後の観客によく混ぜてもらい、名前を書いた面を下にしてテーブルの上に適当にまき散らしてもらいます。名刺を手渡したら、その後私がそれを見たり触ったりするチャンスはありません。

　テーブルにまき散らした名刺のパターンを見極めた後、"被験者"の役をしている方の個性や背景に焦点を当てた、納得出来る読心術を簡単に行います。

　そして、まるで何か見えないエネルギーを感じているかのように、私は1枚ずつの名刺の上に両手をかざし始めます。「この名刺からは何も感じません」こう言いながら、その名刺を取り上げ、何かが書かれた面を下にして私の左手の手のひらの上に置きます。「ここからも何も感じません」そして、この2枚目の名刺を1枚目の名刺の上に載せます。これを最後の1枚が残るまで続けていきます。この名刺を軽く触って、ショックを受けたように腕をパッと上げます。「これに違いない！」私は他の4枚の名刺を脇にどけます。

　両手で軽く残った名刺を上から押さえて、深呼吸をします。そして、2回目の読心術を行い、今回は被験者の過去の経験と彼女が書いた名前の人物との関

係に中心を置きます。

　すべての名刺を両手で綺麗に集めて1つの裏向きになった名刺の山を作ります。被験者に両手でこの山を上から抑えるように指示します。そして、一文字ずつ被験者が書いた人の名前を当てていきます。

　よく考えてみてください。問題のある動作はありません。現象は純粋で、率直で、毅然としています。もし、あなたの行うコールド・リーディングが素晴らしく切れ味鋭かったならば（分かってます、もしそうなら万々歳です）、これは本物の読心術のように見え――そして、もっと重要なのは、感じられ――ます。もしあなたのコールド・リーディングがちょっと外れても（ほら、これは起こる事だから）、それでもあなたは名前を当てるという強力なクライマックスを演じる事が出来ます。(注1)

　最初にちょっとした歴史を。この作品は著書『ブルー・ブック・オブ・メンタリズム』（自費出版、1976年。4頁）に発表された、フィル・ゴールドスティンの"ディザイア"という手順にかなり頼っています（または『プリズム』（同著、ハーメティック・プレス社刊、2005年。7頁参照の事）。

　私は"ディザイア"をステージで長年の間使ってきて、大成功を収めました。これは私のお気に入りで、あなたも目をつけておいて損はないでしょう。ここでは、現象に含まれていた偽のサイコメトリーの部分(注2)を取り除き、どの名刺も決して見ていなかったと思えるように演じる事で、最後の名前を当てる部分が相当強化されました。残念ながら、これはステージの演技としてはあまり効果的ではありません。しかし、私的な場では観客に大きなダメージを与えます。

　5枚の同じ名刺を借ります。観客たちがまだ準備が出来ていないとき、名刺を並べ直し、同じ方向を向いているように方向を合わせます（図1、次頁）。名刺のデザインについてコメントをし、名刺の文面を読みながら堂々と3枚目の名刺の天地をひっくり返します――残りの名刺と比べて印刷面が逆さまになるようにするのです（図2）。次にペンを借りるようにお願いをします。「出来ればフェルトペンが良いのですが、どんなペンでも構いません」と話します。

　ペンを探し始めたら、5枚すべての名刺に"メキシカン・ジョー"のクリンプ

を強くつけます。パケットを対角線上にある隅をつかんで持ち、しっかりと曲げます。すると、片方の隅は上に向かって曲がり、もう片方の隅は下に向かって曲がります（図3）。『ダイ・ヴァーノンズ・モア・インナー・シークレッツ・オブ・カードマジック』（ルイス・ギャンスン著、ハリー・スタンレー刊、1960年。60頁参照）をご覧下さい。3枚目の名刺は天地が逆さになっていますので、クリンプのおかげで見ただけで簡単に他の名刺と見分ける事が出来ます。

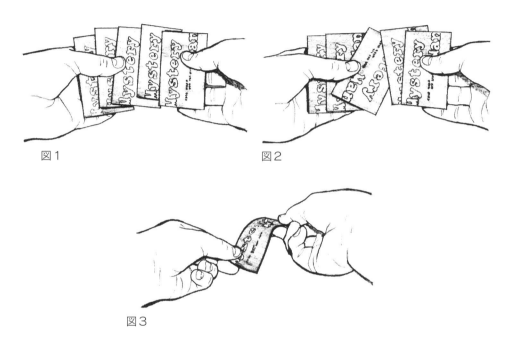

図1　　　　　　　　　　　図2

図3

　ここで、名刺を5人の異なった人に手渡します。感受性があり、頭の回転が速いと私が感じた人に3枚目の名刺を手渡したか確かめてください。彼または彼女（ここでは説明をしやすくするために彼女という事にします）があなたの被験者となります。

　同じ方向にクリンプが付いた4枚の名刺を受け取った4人に名刺の裏に適当な名前を書いてもらいます。「あなたの知っている人の事は考えないでください。単に適当な人の名前を書いてください」彼らに、自分たちが書いた名前を誰にも見られないように念を押します。

最後の観客（私の被験者）には過去に逢った誰かの名前を書いてもらうようにお願いします。多くの思い出がある人または強い思いのある人で、でも最近しばらく思っていなかった誰かです。彼女には好きな先生、大学のルームメイト、または初恋の人を思い出してもらうように仕向けます。彼女にはその名前を秘密にしておいてもらい、彼女が持っている名刺の裏面にその名を書いてもらいます。

　すべての名刺をこの最後の人に渡してもらい、被験者は彼女の名刺も残りの名刺に加えて、どの名刺が誰の名刺か誰にも分からなくなるまで混ぜてもらいます。私は状況を強調します。「誰も、私も含めて、名前を書いた人以外、誰の何の名前が書かれたか誰にも見えません。そして、彼らも自分が書いた名前以外見ていません」

　被験者に5枚の名刺をテーブルの上に置いて、テーブルの上で混ぜてもらい、その上にバラバラに散らかった状態にしてもらいます。彼女はこの時に名刺がひっくり返らないように注意してもらいます。

　茶葉占いやルーン文字を使った占い、風水について話しをしながら、彼女が作った名刺の配置パターンを調べます。
　この名刺の曖昧な配置について指摘して、「これは一種のテントのように見えます。タッセオグラフィ——紅茶の茶葉で行う占いです——ですと、テントは旅の象徴です。ちょうど旅から戻ってこられたとか、旅の計画を立てていらっしゃいますか？」そして、コールド・リーディングを始めます。私は本当に被験者の事を当てるという目標に向けて頑張るだけですが、時々何のヒントも無い状態で偶然にズバリと被験者の事を当ててしまう事があります。もし何かが当たったら、この部分でのテストは終わらせます。そうでなければ、筋の通った止めるポイントへと行き着くために取り組み、次第に終わらせていき、名刺を見つめます。

　名刺の上で右手を振り始め、何かを感じようとしているかのように時々1枚の名刺の上で右手を止めます。ここで私が本当にやっている事は、被験者の名刺を探す事なのです。こうするには、それぞれの名刺の曲げ癖を見ます。4枚の名刺は同じように曲げています——同じ隅がテーブルから少し浮き上がっています。5枚目の名刺は反対側の隅が浮き上がっています。これが被験者の名刺です。

おめでたい出来事

　この名刺の上で手を止めます。「この名前からは何の感情的なつながりを感じません」この名刺を取り上げ、名前が書かれた面を下にして平らな状態で左手の手のひらの上に載せます（図4）。この動作をしているとき、名刺には何の注意も払いません。私のすべての注目は残りの4枚の名刺に注がれています。

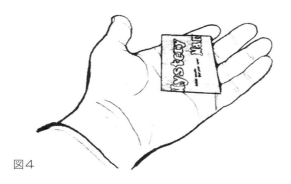

図4

　すぐに右手を残りの名刺の上で振り始めます。そして、もう1枚の名刺を取り上げます。「この名刺からも何も伝わりません」この名刺を最初の名刺の上に落としますが揃えません。再び、この動作には何の注意も払いません。

　テーブル上にあるそれぞれの名刺の上に右手をかざしながらちょっと時間を取り、最後に3枚目の名刺を取り上げ、この名刺を左手の上に落とします。再び名刺をきちんと落としません。名刺を不揃いの状態にしたいのです。それと同時に、残りの2枚の名刺を調べながら、私の目はじっとそれらを見つめ、メラメラと燃え始めています。

　「この両方の名刺から何かが出ています。しかし、こっちの方がより強く思います。ちょっとチェックさせてください」私が指し示さなかった方の名刺を取り上げ、左手にある名刺の山の上に落とします。右手を振って、大きく深呼吸します。名刺がずっと見えるように右手の指先を広げて、左手に載っている4枚の名刺を押さえます。「あぁ、そんなにではないですね」

　右手を再び振って、次はテーブルに残った名刺に軽く触ります。あなたの右腕にちょっとした電撃が走った演技をして「絶対これ！」と言います。

すぐに右手を左手の上に載っている不揃いな名刺の山の上にかけます。名刺を揃えて（これが名刺を集める時になぜちょっと不注意に重ねていったか？という理由です）、右側に置こうとします。しかし、この動作の途中、ボトムにある名前をひそかに覗き見ます。こうやってください。

右手の指先でパケットの前後の端を揃えて持ち上げます。名刺はまだ左右の側が不揃いのままです（図5）。

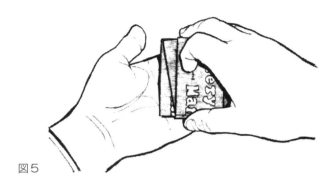

図5

右手は名刺の外端を下げ、一番下にある名刺がほぼ私の胃に向くようにします。同時に、左手は名刺の束から離し、名刺の束を下側から揃えるために手のひらが外側を向くように返します。両手が名刺に触れた一瞬、名刺の束は完全に揃います。この瞬間、一番下にある名刺に書かれた名前を読みます（図6）。

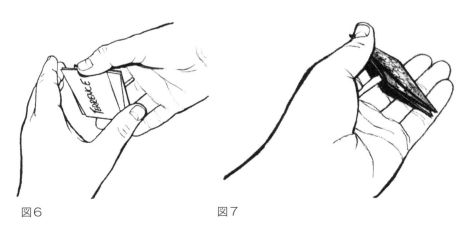

図6　　　　　図7

動作を続け、左手で名刺の束を返し名前が書かれた面を下に向け（図7）、右手は名刺の束の前後の端を持ち直します。カードマジックをよく演じられる方でしたら、この動作は"オールラウンド・スクエアアップ・グリンプス"だとお分かりになるでしょう。ひそかに名前を読み取るこのテクニックは、書かれた名前がどっちを向いていようと一瞬にして名前を読み取る事が出来るようになるまで練習しなければなりません。これがカギです。

　右手で名刺の束をテーブルの右側に移し、テーブルの脇に落とします。この全体の流れはテーブルの上に残った1枚の名刺が被験者のものだとハッキリ宣言した後に行います。この動作はなんでもない動作として扱っています。私は目の前に置かれている1枚の名刺にすべての注意を注いでいます。

　両手を少し振って、両手の指先を開きながら、1枚の名刺の上に押し付けます。こうする事で、指の間から名刺が見えています。被験者に「あなた以外にこの方の事は誰も知らないのですが、私がわかった事をお話ししたいと思います」と言います。

　最初にしていた会話の中で、過去に出会った誰かから選ぶように誘っているので、彼女が書いた名前の人物についてちょっとだけ分かっています。初恋のボーイフレンドでしょうか？　それとも先生？　彼女は親類を選んだかもしれません。私はこれから使う名前をひそかに知っています。さっき名刺の名前を覗き見たの、覚えてますよね？　私はまだ名前について何も明らかにしていません。しかし、チャドという名の初恋の人の名前からこの人の事を読み取る事は、メルヴィン叔父さんの名前から読み取る事というのは全く違うというのは分かります。この時点で、この名前の人物について何かを読み取り始めるための十分な情報を持っているのです。

　最初にいくつかの事をズバリ当てたいと思っています。これが以前出会った先生であった事を知っていて、覗き見た名前はテレンスだったとしましょう。「これはあなたがすごく尊敬している誰かですね。実際、その敬意は時間が経つにつれ大きくなっていますね。この方、絶対に男性だと思いますが、から与えられた影響は当時あなたが気づいていた以上により強力な影響だったと今お気づきになったのですね」という感じに話します。そしてコールド・リーディングを止めて、演技を続けます。

このコールド・リーディングを続けている間、その人物の外見や態度について、出来るだけ詳細に情報を得ようと努力します。そして、その人の経歴について少しだけ話します。この例では、教えていた教科と彼が教えていたのが何年生だったかその両方を特定しようとします。ズバリ当てたり、かなり近い事を当てたと観客に印象付けたら、このリーディングを終えます。

両手を名刺から持ち上げ、すべてが終わったかのように微笑みます。誰にも名刺に手を伸ばして欲しくありません。なので、観客たちが反応してもらう（ええ、彼らは絶対に反応します）間をあけたら、実験は終わって大成功だったという態度で5枚すべての名刺を何気ない一動作でサッとかき集めてしまいます（図8）。名前を見る理由はまったくありません。名刺を集めている間、両手は名刺を隠しません。しかし、1枚の名刺を残りの名刺の山の中に混ぜる瞬間、ちょっとだけ全体を隠します。私の前にあった名刺が名刺の山のどれか誰にも分からないようにしなければなりません。しかし、こうしている間私は何も見ていなかったと、観客は確信していなければなりません。

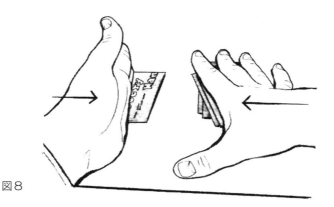

図8

程よいタイミングで、最後にもう1つ実験をしてみたいと提案をします。被験者に彼女の両手を名刺の束の上に押し付けてもらいます。彼女の手の甲の上に軽く触れ、彼女に集中するように言います。「その人の事ではなく、その人の名前について集中してください」

ゆっくりと、ちょっと集中したりエネルギーを使ったりしながら、その名前を明かします。これは奇跡です。

注目されている中での覗き見

　もし、私が問題のある観客たちの中にいると思ったり、異常なレベルで詮索されていると分かったら、誰もが見逃す覗き見方の改案を行います。あなたがこれを使う事はそんなに多くないでしょうが、完璧を期するためにここに私の方法を解説します。

　2枚の名刺がテーブルに残り、観客の名刺は左手の上に載っている3枚の名刺の一番下にある時点から解説を始めましょう。「何かを……ここにある名刺の両方から感じます」右手を1枚の名刺の上にかざしたら、次にもう1枚の上にもかざし、これを交互に行います。「あぁ、どうしてこうなったのか分かりました。この名刺こそがあなた（手伝いの観客を指差します）が特定の人の名前を書いた名刺だと思っています。しかし、こっちの名刺からも何かを感じるのです」

　問題の名刺（私が私の観客が書いたと言っていない方の名刺）を堂々と取り上げ、その名前を自分で読み上げます。賢い観客たちは私がワン・アヘッドや何か他の作戦を行うために名前を盗み見ていると疑うでしょう。これはおとりの動作です。しかし、私はこうする事で奇妙な超能力を使って当てる事が出来るのです。どういう事かと言いますと、こうです。

　私が取り上げた名刺に書かれた名前を読みながら、左手の上の名刺を揃えます。2つの事を同時に行います。右手で持っている名刺を名前の書かれた面が上を向くようにテーブルの上に投げ出しながら、左手を返して手のひらを下に向けます。すると、名刺の束の一番下に書かれた名前をひそかにチラリと盗み見る事が出来ます。すべての視線は投げ出された名刺を追い、その名刺に書かれた名前を読みます。これがひそかに覗き見る動作をカバーします（大きな動作が小さな動作を隠すって、ご存知ですよね）。名前を覗き見ますが、一瞬たりとも間をあけません。

　右手は投げ出した名刺を動かして、そこに書かれた名前が観客たちに見えるように位置を調節します。同時に左手を返して手のひらが上を向くようにして（名刺の名前が書かれている面を下にするように回転させます）、力を抜きます。質問を投げかける事でこの動作をカバーします。「これを書いたのはどなたですか？」と訊き、観客とアイコンタクトを取ります。

167

今見えている名前を書いた人を見つけたら、「適当な名前を選ぶようにお願いしましたよね。正直に言ってください。この名前の方を実際にご存知なんじゃないですか？」私は名刺を指差します。多くの場合すぐに「はい」という返事を得られます。もし違ったら、ちょっとだけカマをかければ、その観客の人生の中でその名前の方と出会っている事が分かるかもしれません（もしそうではない絶望的な状況だったら、有名人の名前を選ぶでしょう）。「なので、あなたにとってその名前が感情と繋がったのです。良いでしょう。私はそう思ったので」

問題の名刺を名前の書かれた面が下になるようにひっくり返して、持っている3枚の名刺の上に落とします。注意してこの名刺の山を脇に押し出し、最後の名刺を読み取る部分へと進みます。後は上記のように終わります。

カードマジックが大好きな方々へ

最後にちょっとしたハンドリングに関するアイデアです。私見ですが、これによって大変純粋なメンタリズムがカードマジックになってしまうように思います。しかし、中には正しい名刺が5枚の中から見つけられた証明をしていない事に異議を唱える方もいるでしょう。そうした残念な方々のために、次のハンドリングを捧げます。

1枚の名刺が残ったとき、残りの名刺をテーブルの右脇に落とすのではなく、右手に持ったままにします。右手の親指を上、右手の残りの指先を下にして、名刺の右側を持っていなくてはなりません（図9）。

図9

左手だけでテーブルにある1枚の名刺の上を押さえ、2回目のコールド・リーディングを行います。手を動かしませんが、被験者に彼女の手をあなたの手の上に置くように誘います。ゆっくりと（痛々しく）名前を明かします。

彼女が手を離したら、あなたはすぐに左手の親指と残りの指先を使って名刺の両端を押して、名刺を上に反らします。丁度橋のように名刺はテーブルから持ち上がります（図10）。

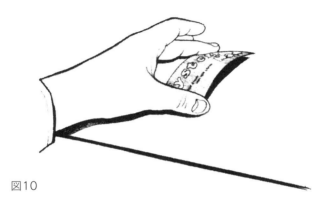

図10

スムーズな動きの中で、右手の名刺の山を反らした名刺の下にサッと押し込み、5枚すべての名刺をすぐにひっくり返し、名前の書かれた面が上を向くようにします。これはすべての動作を一体化させ、手伝いの観客の名刺（名刺の山の一番上に見えている）は今ちょうどテーブルからすくい上げた名刺であるように錯覚させなければなりません。一拍間をおきます。そして、この名刺を配り「そして、これはあなたの筆跡のはずです」とコメントします。

あなた自身の名刺で

名刺を見分けるためにクリンプを使う代わりに、ひそかに印を付けておいたあなた自身の名刺を使う事も出来ます。私の名刺入れにある名刺には、5枚おきに印の付いたものを仕込んであります。目立たない場所のインクをちょっと削っておくだけで大丈夫です。これで、自由に私の名刺を手渡す事が出来ます。そして、それらは名刺の束の上から配っていく事で、名刺の束の中央から名刺を引き抜かれる事を避け、上にある5枚の名刺の1枚（唯一の1枚）はいつも印付きの名刺であるようにする事が出来ます。名刺の束を引っ張り出し、上から

5枚の名刺をテーブルに配ります。単に印付きの名刺を見つけ、これを手伝いの観客に手渡します。残りの名刺はバラバラに配り、コールド・リーディングに続けていきます。

注1： コールド・リーディング──何の事前準備なく、相手の外観を観察したり、何気ない会話を交わす事で相手の細かな情報を蓄積し、相手の事を言い当てたように思わせるテクニックの事。参考図書としては『コールドリーディング─人の心を一瞬でつかむ技術』（イアン・ローランド著、楽工社刊、2011年）などがある。

注2： それぞれの名刺を書いたそれぞれに返していく現象。

じゃあ、また
So Long

　今でもすでに情報過多なのに、誰彼構わず遠慮なく長々と持論を無責任に話し、誰もがマジックの演技について語るこのご時世に、私がついに自分のマジックを売り込んで、マジックの市場からの圧力の前に負けを認め、有名になるという栄光のために私の理想主義を売り飛ばし、そして、私の両足の間にくっついている比喩としての尻尾は暗闇のどこかで負け犬のようにしょんぼり丸まっているのではないか？と不思議に思っている方も中にはいらっしゃるでしょう。

　あえて言いますが、この本にはそんな私の心情などこれっぽっちも描写していません。

　このプロジェクトが終わった事で、ある意味の成長が出来たと気付きました。極端に言えば、私は今までの皮肉好きから新しい楽観主義へとはっきり態度が変わったのです。もちろん、この新しい楽観主義には今まで通りの猛烈にひねくれた皮肉も大量に含まれます（こうした事を気にする方へ。飲酒も投票も出来ない若造が有名な雑誌に芸術について真面目な記事を書こうとし始める時、そこにはアンダーグラウンドから本当の皮肉が最終的に送られてくるのです）。

　あぁ、多分、あの最後のコメントが新しい楽観主義の死と古い皮肉好きの復活を意味しているのかも。誰にも分からないけどね。いずれにせよ、しばらく私から何かを知らせる事は無いでしょう。さあ、別の仕事に移りましょうか。

訳者あとがき

　これは『タングルド・ウェブ』（エリック・ミード著、ハーメティック・プレス社刊、2006年）の完訳です。

　著者のエリック・ミード氏はあまり日本では知られていないマジシャンかもしれません。個人的に何度も質問されました。日本では2007年に放送された前田知洋さんの特番にゲストとして登場された事があるだけです。しかし、ある時彼の話題がインターネット上を駆け抜けました。彼がTEDで行った偽薬効果に関するプレゼンテーションが話題になったからです。未見の方は是非ご覧ください。日本語の字幕もあります。
http://www.ted.com/talks/eric_mead_the_magic_of_the_placebo?language=ja

　この映像をご覧になれば一目瞭然なのですが、冒頭のテラー氏による前書きの通りの人物なのです。洒落ていて、聡明な感じをすぐに分かって頂けると思います。ご本人は「ほら、TEDに出ると賢く思われるからね！」と冗談めかして仰っていましたが、素敵な講演だと思います。

　氏は1966年生まれで6歳でマジックに目覚め、10歳の頃にはもう近所の子供達へ誕生日のショウを行ってお小遣いを稼いでいました。14歳の時に亡き名人ダイ・ヴァーノン氏のレクチャーを受け、さらにマジックへのめり込んでいったそうです。その後、スキーリゾートとして有名なコロラド州アスペンにあったタワーバーで14年にわたりマジックを演じ続け、そこで数々の名人上手たちと出会いマジックを磨いていきました。オーナーだった歌手のジョン・デンバー氏が不慮の事故で亡くなりバーが閉店してからは、日本を含め世界中を周り様々なショウに出演する他、TEDなどでの講演、マジック特番の製作、映画出演など、多方面で活躍されています。

訳者あとがき

　エリック氏のマジックの特徴は「温故知新」です。14歳の時にダイ・ヴァーノン氏に出会った影響からクラシックなマジックへ傾倒しながらも、そこに新しい何かのエッセンスを加えようとしていらっしゃったそうです。この本からもそのエッセンスを感じていただけるものと思います。

　本書の中にはさまざまな難易度、テイストのマジックが含まれています。簡単に演じられる作品もいくつか収録されています。是非、皆様に一度は試していただいて、出来るならばレパートリーにして頂けたのなら本当に嬉しいと仰っていました。

　それ以上にエリック氏独特のマジックについての考え方を是非お読みください。薄っぺらい流行には流されない骨太の考え方であり、これこそが「プロの手口」なのです。氏のイントロダクションにある通り、文章解釈を筆者以外の他の人が出来ません。ですが、出来る限り氏のエッセンスを訳文に取り込みたいと思いました。氏に確認を取りながら翻訳することで、エッセンスの取りこぼしが無いように注意を払いました。

　さらに氏のマジックへの考え方を知りたい方は、イギリスの凄腕マジシャン、ポール・ウィルソン氏が監督したドキュメンタリー『Our Magic』（2014年）を是非ご覧下さい。氏の一言一言に痺れる事請け合いです。
http://shop.dananddave.com/our-magic.html

　この映像からも、本書からもエリック氏独特の「ある視点」が溢れ出ています。「ある視点」とは、カンヌ映画祭での「ある視点部門」の受賞作を見ればどういう事かすぐにご理解頂けると思います。様々な種類のスタイルや物事を切り取る視点を持った、（カンヌ映画祭の説明にある）「独特で特異な」作品ばかりです。正にエリック氏の演技そのものです。氏のショウを拝見した事があるのですが、様々な要素が入ったバラエティショウでした。今まで見た事がない演目の数々は、正に独特で特異でした。お涙頂戴の話などをしなくても、エリック氏のメッセージがショウの中から聞こえてくるようです。この言外のメッセージこそが、エリック氏をマジックの世界でユニークな存在にしているのだと思います。氏のメッセージは、未見の方の楽しみのために明かさないでおきたいと思います。

　エリック氏は自身の人生をこの本すべてで表現しています。本書の原題『Tangled

Web』は、スコットランドの詩人、フォルター・スコットの有名な格言から取られています。"Oh, what a tangled web we weave...when first we practice to deceive."（あぁ、我々は何ともつれた複雑な織り布を編むのだろう……初めて他人を騙してから）

　つまり、他人にウソをついたり騙すところから人生が途端に難しくなる、という事です。エリック氏は、マジックを職業にしてから、複雑な人生を歩んでいるんだ、と言いたかったのです。ですが、私はそう思いません。本書にちりばめられたいろいろな作品やエッセイから、非常に興味深く生き生きとした氏の人生があぶり出されていますから。

　こうした氏独特のメッセージは本書の中でもはっきり見て取れます。すでにお気づきかと思いますが、本書にはイラストがほとんど入っていません。これが一番顕著なメッセージでしょう。これはエリック氏に確固たる信念があってこうなっています。これは氏のツイッターからの引用です。
「Stop telling me you can't learn from books. DVDs have their place, but excellence is in the literature. Visual learner? Bah. Lazy.」(2014年11月21日)
(本から学べないと僕に言うのは止めてくれ。DVDが彼らに相応しい場所なんだろうが、卓越しているものは文献の中にあるんだ。目で見て覚えるって？フン、怠け者が)
　ただし、本文は理解しやすく詳細に解説されていますし、参考文献やマジックの解説DVDの名前なども書かれています。どうぞ、そちらを参照しながら取り組んでみてください。

　本書は中級以上の方を読者層としているため、基本技法の説明があまりありません。本文中にその都度参考文献やインターネットのURLが入っておりますのでご参照ください。一瞬で燃え尽きる特殊な紙、フラッシュペーパーや一瞬で現れる魔法の杖、アピアリング・ケーンなどはマジックショップや東急ハンズなどでも購入可能です。その他の道具も文具店や雑貨店などで比較的容易に見つける事が出来ます。

　本書を訳すにあたり、翻訳のチャンスを頂いただけでなく、いろいろなお話しも伺った著者のエリック・ミードさん、いつも叱咤激励を頂く小野坂東さん、いつも英語的な質問に答えてくれるスティーブ・コーエン、森繁優実さんご夫妻、英語の専門家である木宮美香さん、いろいろ相談にのって下さった奇術愛

訳者あとがき

好家の鍛治中政男さんと大阪の奇術愛好家の森口健司さん、異文化交流の研究家で准教授のショーン・テンホフさん、いつも上がりの遅い私にやきもきさせっぱなしの名和成人さんにも感謝致します。ありがとうございました。校正から、いつもスケジュール管理をしてくれる妻の由佳里にも感謝します。

　そして、最後に本書を手にしていただいた読者の皆様に深く感謝致します。本書が少しでも皆様のお役に立つ事が出来ましたら、これ以上の喜びはありません。

角矢　幸繁

追記：本書の製作中だった2014年7月に、謝辞に登場されたエリックさんのお父様、イノック・ミードさんがお亡くなりになりました。本書をお父様にご覧頂けなかった事は本当に残念です。

エリック・ミード（Eric Mead）
1966年生、コロラド州出身。幼少の頃よりマジックに魅了され、名人ダイ・ヴァーノンなどから薫陶を受ける。プロマジシャン、メンタリスト、コメディアン、講演者、マジックコンサルタントとして20年以上活躍。特に高級リゾート地として知られるコロラド州スノーマスにあったタワーズ・バーでは2004年の閉店まで14年に渡り出演を続け、それ以降もテレビ番組制作から企業のプライベートパーティまで日本を含めた世界各国で活躍する。2009年に登増したTEDでの「偽薬効果」に関するプレゼンテーションは世界中で話題になる。

角矢幸繁（かどや・ゆきしげ）
1969年愛知県生。愛知学院大学文学部日本文化学科卒業。翻訳家。亡き父からの影響で幼少のときからマジックや演芸に親しむ。学生時代よりニューヨーク在住のプロマジシャン・文筆家・批評家のジェイミー・イアン・スイス氏などに師事。来日するマジシャンの通訳、マジック解説書などの翻訳を長く行い、また、奇術専門誌にマジックに関する文章を執筆。著書に『英語でペラペラマジック』(2006年)、訳書に『ジェイミー・イアン・スイスのクロースアップ・マジック』(2008年)、『デレック・ディングル カードマジック』(2009年)『ロン・ウィルソン プロフェッショナルマジック』(2011年)、『ホァン・タマリッツ カードマジック』(2013年)、いずれも東京堂出版などがある。

エリック・ミード クロースアップマジック

2015年　2月10日 初版印刷
2015年　2月25日 初版発行

著　者——エリック・ミード
訳　者——角矢幸繁
発行者——小林悠一
ＤＴＰ——小野坂聰
印刷所——東京リスマチック株式会社
製本所——東京リスマチック株式会社

発行所——株式会社 東京堂出版
　　　　〒101-0051　東京都千代田区神田神保町1-17
　　　　電話 03-3233-3741　振替 00130-7-270

ISBN978-4-490-20893-1 C2076　　　　©2015
Printed in Japan

書名	著訳者	判型・頁・価格
ジョン・バノン カードマジック	ジョン・バノン著 / 富山達也編	A5判196頁 本体3,000円
カードマジック カウント事典	ジョン・ラッカーバーマー著 / TON・おのさか和訳	A5判260頁 本体3,600円
カードマジック フォース事典	ルイス・ジョーンズ著 / 土井折敦訳	A5判416頁 本体3,700円
ホァン・タマリッツ カードマジック	ホァン・タマリッツ著 / 角矢幸繁訳・TONおのさか編	A5判368頁 本体3,200円
ジェイ・サンキー センセーショナルなクロースアップマジック	リチャード・カウフマン著 / 角矢幸繁訳	A5判184頁 本体2,800円
ロベルト・ジョビーのカード・カレッジ①～④	ロベルト・ジョビー著 / 加藤友康・壽里竜訳	B5判272頁 本体各4,500円
ビル・スイッチ 千円札が壱万円札に	ジョン・ロヴィック著 / 滝沢敦訳・TON・おのさか編	B5判392頁 本体4,500円
世界のカードマジック	リチャード・カウフマン著 / 壽里竜和訳	A5判296頁 本体3,600円
世界のクロースアップマジック	リチャード・カウフマン著 / TON・おのさか和訳	A5判336頁 本体3,500円
ブラザー・ジョン・ハーマン カードマジック	リチャード・カウフマン著 / TON・おのさか和訳	A5判400頁 本体3,900円
デレック・ディングル カードマジック	リチャード・カウフマン著 / 角矢幸繁訳・TONおのさか編	四六判432頁 本体3,900円
ラリー・ジェニングス カードマジック	リチャード・カウフマン著 / 小林洋介訳・TONおのさか編	A5判334頁 本体3,800円
アロン・フィッシャー カードマジック	アロン・フィッシャー著 / 小林洋介訳・TONおのさか編	A5判172頁 本体2,800円
ロン・ウィルソン プロフェッショナルマジック	リチャード・カウフマン著 / 角矢幸繁訳	A5判238頁 本体3,200円
ヘルダー・ギマレス リフレクションズ	ヘルダー・ギマレス著 / 滝沢敦訳	A5判160頁 本体3,200円

（定価は本体＋税となります）